2019年6月。
大阪府の秘境・奥河内を舞台に約3週間にわたって
映画『鬼ガール!!』の撮影が行われました。
鬼族の血をひく女の子〝ももか〟が
憧れの高校生活に奮闘し、
仲間たちと〝映画作り〟を通して
自分と向き合い、絆を深めていく物語。
撮影の裏には多くの地元の方々の協力や
監督の奥河内への想いがありました。

CONTENTS

今も鬼伝説が残る大阪の秘境・奥河内を舞台に、
サイコーに鬼ってる青春エンターテイメントが誕生！

原作は、鬼族の末裔である主人公と、ものづくりに打ち込む若者たちを軽やかに描いた、人気作家・中村航の青春小説「鬼ガール!! ツノは出るけど女優めざしますっ!」(角川つばさ文庫より刊行)。

高校生の鬼瓦ももかは、鬼の血が流れる自分にコンプレックスを持ち、本当の自分を隠す毎日。

そんな彼女が仲間たちと「映画作り」にかけた日々を、恋と友情、笑いと涙、青春のすべてを鬼盛りで描く。

鬼瓦ももかを演じるのは、第13回全日本国民的美少女コンテストで審査員特別賞を受賞し、

ドラマなどで活躍中の井頭愛海が映画初主演！

ももかの幼なじみ・蒼月蓮役には『映像研には手を出すな！』の出演で勢いに乗る板垣瑞生。

さらにはネクストブレイク上村海生、桜田ひより、吉田美月喜など、個性豊かな若手が集結。

また、山口智充が熱く優しくももかの父親を演じ、作品に深みを加える。

監督は、奥河内出身の瀧川元気。

地元の魅力を届けたいという熱い想いから本作を企画し、初メガホンを取る。

挿入歌は、伝説のロックバンドTHE BLUE HEARTSの「TRAIN-TRAIN」。

元THE BLUE HEARTSドラマーの梶原徹也も地元出身という縁から

音楽プロデューサーとして参加、本編にも出演している。

この秋、“鬼ガール!!”が世界中の心を熱く震わせる！

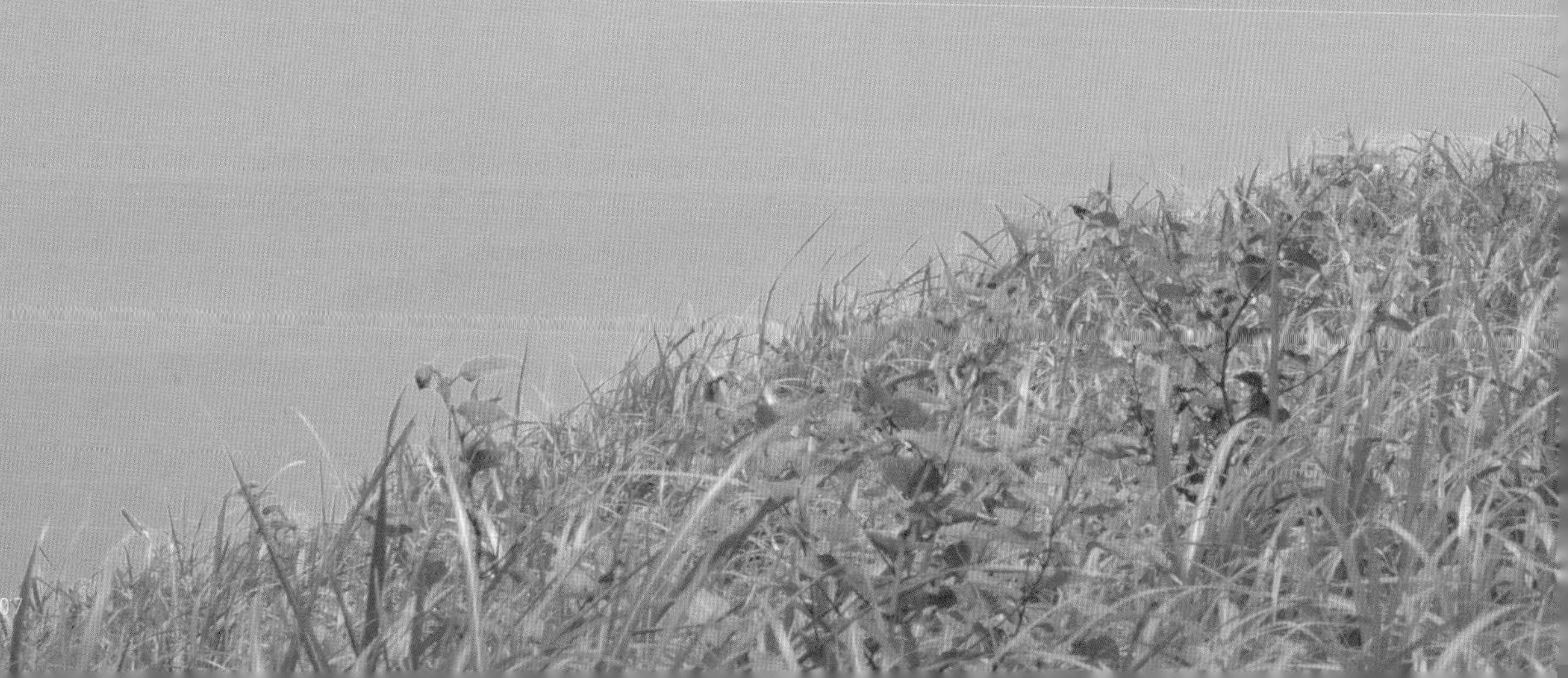

監督

瀧川元気

Genki Takigawa

——まず、鬼ガールが映画になるまでの経緯をお聞きしたいのですが、瀧川監督が奥河内で映画を撮ると決めたタイミングを教えてください。

「映画を撮りたいという気持ちはもともと持っていたのですが、『奥河内で撮影したい』と思った最初のきっかけは、以前プロデューサーとして関わっていた地方創生ムービーです。年末に、撮影でお世話になった地域の方に会いに行くと怒られたんです。『〝地方創生ムービー〟のプロデューサーをやっているのに、年末に自分の地元には帰ってないのか』って。そのときにハッとさせられて、その足で地元の河内長野市に帰りました。実は高校卒業のタイミングで地元の河内長野市から県外へ出ていたので、そのときに初めて河内長野市を全く知らないことに気づけました。そこから一度自分の地元と向き合おうと思い始めましたね」

——高校を卒業してから県外へ出ているということでしたが、地元の方々へはどのようにして連携をとったのでしょう？

「奥河内ムービー・プロジェクトの実行委員会である西野修平さんが、色々な人とつなげてくださいました。感謝しかないです。人脈って簡単にできるわけではないですから、くじけそうにもなりましたけど西野さんが河内長野市を連れて回ってくれて、3カ月ほどかけて少しずつ地元の人たちとコミュニケーションがとれてきました。初めて自分でゼロから映画作りをやってみて地方創生=映画という単純な構造でないということがわかりました。実際、映画以外にも音楽イベントやお笑いライブなど、地方創生の手段はたくさんありますよね。でも映画がすごいのは、各所で地方創生のために動いていたコミュニティが1つの輪になることができるんです。これは映画でない

たきがわ げんき●大阪府河内長野出身。立命館大学映像学部卒業後、三池崇史監督に師事し、『逆転裁判』、『愛と誠』、ドラマ『QP』にて助監督を務める。映画のみならず、滋賀・奈良県のロケーションコーディネートやラインプロデューサーを担当する。近年では瀬木直貴監督作品『星々の約束』『マザーレイク』にてラインプロデューサーを担当し、2018年には「恋のしずく」（第9回ロケーションジャパン大賞審査員特別賞受賞）にてプロデューサーを担当。代表作は、NHK BSプレミアム　謎解きLIVEシリーズ

どんな小さなことでもいいので、
映画を見た人の背中を押す
作品になってくれると嬉しいです

とできないコミュニティ形成だなと思いました」

――撮影場所には、瀧川監督が卒園された幼稚園などもありましたが、久々に訪れてみていかがでしたか？

「当時の先生が園長先生になっていて、協力しましょうと言っていただけたことがとてもありがたかったです。約40年間、この街の子どもたちを見守り続けた人がいるということは地域の誇りですよね。僕もここで太鼓やマーチングを通して努力や忍耐という人間の基礎になる部分を教えてもらいました。映画の中にも太鼓のシーンが出てきますが、それは幼稚園のときに得た僕の中に流れている哲学でありDNAのようなものの表れだと思っています」

――主演に井頭愛海さんを起用された理由を教えてください。

「実は、僕の中で『鬼ガール!!』の撮影すら検討したほうが良いのではないかと悩んでしまうくらい主人公が決まらない時期がありました。そんなときに、河内長野市に縁がある子がいるということで出会ったのが井頭さんでした。大阪出身で幼少期に河内長野市のラブリーホールを訪れたりしたこともあったようです。何より、目の奥に主人公のももかと通ずるものを感じて井頭さんしかいないなと思いました。ももかの叫び出したくなるような思春期の憤りを井頭さんらしく演じてくれて、井頭さんじゃなかったらこの映画はできていないです。特に、ももかが憤慨しながら学校の廊下を歩くシーンなんて井頭さんの良さが爆発していました！」

――キャスト陣が同世代だったこともあり良いチームワークだったとお聞きしました。

「一人一人について語り出すと切りがないくらい、キャストがみんな頑張ってくれました。岬役の上村さんは他のキャストよりも年上で、フランクに接しながらも座長としてキャストをしっかりまとめてくれて、助けられました。すごく感謝しています」

――監督が印象に残っているシーンを教えてください。

「ももかが星愛姫に仲間になってほしいと頼みに行くシーンが好きで、繰り返し見てしまいましたね。自分の触れてほしくない部分に介入されることを嫌がっていたももかが、自分のやりたいことのために人の懐に飛び込んでいく。僕自身、映画を作るために頭を下げて協力をお願いしてきたので、星愛姫の『お供します』という言葉にすごく救われてる部分があります。他人を巻き込んでいけるくらい自分の夢に熱をもつということは、現代人の課題でもあると思いますし、とても意味の深いシーンでしたね」

――映画のテーマ「青春」にちなんで、監督の青春をお聞きしてもいいですか？

「やっぱり〝映画〟かもしれないですね。父が単身赴任で、僕自身も高校時代は野球部で部活ばかりやっていたので、家族の時間というとお正月かお盆しかありませんでした。その時間は映画館へ行って父、母、弟と僕の家族4人で並んで映画を観ることが多かったです。家族だけでなく、友人や恋人との思い出の中にもやはり映画がありますね。大切な人たちとの思い出の場所です。誰とどこで映画を見たのか、その思い出によって作品は色を変えるので単なる〝娯楽〟というカテゴリーには収まりきらない存在ですね」

――最後に映画を見てくださった方へメッセージをお願いします。

「映画『鬼ガール!!』を通じて奥河内のファンになってもらって、みなさんの行ってみたい場所になってほしいなと思っています。そして、映画を観た人が何かに踏み出すきっかけになってくれれば嬉しいです。大きなことでなくても良いんです。『ずっと散らかしたままだったけど、部屋を片付けようかな』とか、そんな小さいことでもいいので映画を見た人の背中を押すきっかけになれれば本望です」

塔本博文堂
Welcome

ガーリ!!

鬼

鬼だって、キラキラした恋したいんやっ‼

鬼瓦ももかは、ステキな恋、キラキラした青春にあこがれる、新高校1年生。

でも彼女には、ゼッタイにバレてはならない秘密があった。

それは、自分が鬼族の血をひく〝鬼〟であること。鬼のような天パーをストレートにし、
鬼のような怪力をセーブし、興奮すると頭に生える〝ツノ〟もかくして生きてきた。

これがもし見つかったら、彼氏も友だちもできっこない……。

高校生活は、初日からドキドキの連続！

にっくき幼なじみのせいで鬼のことがバレそうになったり、
映画部の岬先輩からヒロインにスカウトされたり……。

ソッコーで「女優になる！」と決め、岬先輩のことで頭がいっぱいのももか。

あれ、ひょっとしてこれが恋ってやつ⁉ 青春ってやつ⁉

しかし！映画のヒロイン決めはオーディションだった！

はたして、ももかは、鬼バレせずにヒロインになれるのか？

ももかの恋は、青春は、いったいどうなる⁉

鬼ガール!!

CAST

蓮の父親。映画監督。

蒼月 忍

（テイ龍進）

テイ・りゅうしん/1973年1月10日。兵庫県出身。主な出演作に映画『禅 ZEN』、『スマグラー』、『燕 Yan』などがある。

実は、鬼族の血をひく“鬼”!

ステキな恋、キラキラした青春にあこがれる新高校1年生。

鬼瓦 ももか

（井頭 愛海）

いがしら・まなみ/2001年3月15日生まれ。大阪府出身。主な出演作品に映画『おしん』やNHK連続テレビ小説『べっぴんさん』などがある。

ももかの父。整体師で家の一室を施術所にしている。

鬼瓦 大鉄

（山口 智充）

やまぐち・ともみつ/1969年3月14日生まれ。大阪府出身。主な出演作品に映画『のぼうの城』やテレビ東京『保育探偵25時～花咲慎一郎は眠れない!!～』などがある

鬼 瓦 家

ももかの弟。雪と同じ太鼓のチームに所属している。

鬼瓦 たいが

（末次 寿樹）

すえつぐ・じゅき/2011年1月25日生まれ。主な出演作品にミュージカル『忍たま乱太郎』がある。

ももかの妹。バンド「鬼ロック」のボーカル担当。

鬼瓦 りりか

（深尾 あむ）

ふかお・あむ/2005年11月3日生まれ。滋賀県出身。主な出演作品に映画『かぐや様は告らせたい～天才たちの恋愛頭脳戦～』がある。

寺の住職。

楠木滝覚

（六平 直政）

むさか・なおまさ/1954年4月10日生まれ。東京都出身。主な出演作品に映画『キングダム』や『ある町の高い煙突』がある。

ももかのクラスメート。自分で映画を撮るという夢を持ち映画部に入部。

蒼月 蓮

(板垣 瑞生)

いたがき・みずき/2000年10月25日生まれ。東京都出身。主な出演作品に映画『ホットギミック ガールミーツボーイ』や『映像研には手を出すな!』などがある。

ももかのクラスメート。
蓮に恋をしている。

松丸 星愛姫

(桜田 ひより)

さくらだ・ひより/2002年12月19日生まれ。千葉県出身。主な出演作品に映画『ホットギミック ガールミーツボーイ』や『映像研には手を出すな!』などがある。

ももかと同じ高校の先輩。
端麗な青年で
女子生徒に人気。

神宮寺 岬

(上村 海成)

かみむら・かいせい/1997年2月25日生まれ。東京都出身。主な出演作品に映画『思い、思われ、ふり、ふられ』やNHK連続テレビ小説『半分、青い。』などがある。

奥河内高校

映画部でカメラマンを担当している。

反町 冬季也

(曽野 舜太)

その・しゅんた/2002年5月3日生まれ。三重県出身。5人組ボーカルダンスユニットM!LK(ミルク)メンバーとして活動中。

ももかと同じ中学出身で、クラスメート。
たいがと同じ太鼓チームに所属。

宇佐美 雪

(吉田 美月喜)

よしだ・みづき/2003年3月10日生まれ。東京都出身。主な出演作品にテレビドラマ『シロでもクロでもない世界で、パンダは笑う。』などがある。

主演 鬼瓦ももか 役

井頭愛海

自信のない女の子が
段々と自分を信じる力を
つけていく。
ももかはみんなを
巻き込む力がある
女の子です。

文具券加盟店

9-21
本町
11

——まず演じられたご自身の役について教えてください。

「ももかは、最初はすごく自信のない女の子ですが、色んな人と関わることによって段々と自分に自信をつけていく役です。根は明るくて実際はみんなを巻き込む力があるパワフルな女の子。「怪力」であることも特徴の一つなので、自転車を漕ぐシーンや全力でダッシュをするシーンは力強い印象になるように心がけていました。思ってた以上に私自身に体力がないことに気づけて、もっと体力をつけて頑張らないと、と思うきっかけにもなりましたね」

——印象に残っているシーンはどんなシーンですか？

「初日に鬼瓦家のシーンを撮ったんですけど、父親役の山口さんが私たちを笑わせて現場の雰囲気を作ってくださって。リラックスしてクランクインできたのは、山口さんのおかげです。りりかとたいがも本当の姉弟のようで、とても可愛かったです。二人ともすごくしっかりしていて、私が演じる『ももか』は二人に助けられました」

——奥河内のみなさんについての印象を教えてください。

「撮影場所を貸してくださったりした方々が実際にそのシーンで出演されてたり、現地の方と一緒に撮っているというのが奥河内でのオールロケの面白さだと思います。大阪出身の私でも、とても魅

力的なのに知らない場所がたくさんあったので、もっとじっくり奥河内を見てみたいなと思いました」

――監督からの指導はいかがでしたか？

「現場に入る前に役についてたくさんお話させていただいて、『ももか』を一緒に作っていくなかで、監督の想いだったり、強くこの映画を成功させたいという気持ちが伝わってきました。私も、ももかとしてもこの映画をよりよくしたいという気持ちをもって演じていました」

――映画のテーマでもある「青春」をどんなシーンで感じましたか？

「自転車で坂をパーって下るシーンですね（笑）。山道からみんなで自転車で走るシーンは特に青春だな〜って感じました」

――最後に3週間、奥河内でのオールロケを終えていかがでしたか？

「初めての主演でいっぱいいっぱいになってしまって、大変なこともたくさんありましたが、ご協力くださった地元の方々をはじめ、スタッフ・キャストのみなさんがいつも優しく励ましてくれたおかげで最後まで頑張れました。同世代のキャストが多くて本当のクラスメートのような間柄で。私の写真フォルダーにみんなの変顔……特に雪の変顔がたくさん入っています（笑）。現場がいつも楽しい雰囲気だったので、私も楽しみながら全力で撮影に取り組めました。ありがとうございました」

蒼月蓮役

板垣瑞生

――演じられたご自身の役について教えてください。

「映画がすごく好きで、映画監督を目指している青年の役です。蓮は自分の夢に積極的になれない一面がありましたが、ももかに出会って変わっていくので、後半にかけてテンションを上げていく部分が難しかったです」

――監督の印象を教えてください。

「言葉がストレートな方だな、というのが最初の印象でした。途中からそれが監督の愛情なんだなと気づきましたね。良いシーンが撮れたときは必ず声をかけてくださって嬉しかったです。一緒にお芝居を作っていく上で、腑に落ちない部分があれば監督やキャストみんなと擦り合わせられたので、いいものができていたらいいなと思います。気持ちの作り方など内面的な部分は役者に任せてくださって、目に見える部分はしっかり指導してくれたので勉強になりました」

――現場はどんな雰囲気でしたか？

「自分が最年少の現場が多いので、自分より若いみんなと頑張れてエネルギーを感じる現場でした。休憩中もずっとみんなで他愛のない話をして楽しかったです」

――奥河内でのオールロケはいかがでしたか？

「奥河内がどういう土地でどんな人が住んでいるのか知るために、地元のお店に行って買い物をして、お店のお母さんと話す機会を作っていました。ロケ地として場所を借りるというよりも、今回の映画は奥河内で生きている人たちの暮らしに僕たちがお邪魔させてもらっているという形だと思ったので。地元のみなさんがとても協力的で、撮影がスムーズに進みました」

――映画のテーマでもある「青春」をどんなときに感じましたか？

「自分が心から楽しんでいるときですね。自分の信頼できる人たちと全力で作品を作って、すごくいい画が撮れた瞬間とか。誰かと何かを成し遂げるということが青春だと思います。一生青春してたいですね」

――現場はどんな雰囲気でしたか？

「学校終わりに友達の家に集まったみたいな、放課後のような雰囲気の現場でした。普通は打ち解ける期間があって、仲良くなって、と段階を踏むと思うんですけど、今回は初日からすぐに仲良くなれて、楽しくて撮影期間もあっという間でした。他のキャストと同世代といっても、実は4つぐらい年が離れているんです。でも、年上だとか気を遣わずにみんなタメ口で喋ってくるんで（笑）。仲良くなれてよかったです。キャストはもちろん、スタッフも地元の方々もすごく優しくて人との距離も心地よくて、名残惜しくなる現場でした」

――演じられたご自身の役について教えてください。

「演じたことのないタイプの役だったので最初は正直すごく戸惑ったんですけど、いざ演じてみたらめちゃくちゃ楽しくて！ 岬は365日オンステージというか、圧倒的にスター気質・主人公気質な人間なんですよ。なので常にどの瞬間も見られている意識を持っているように演じました。雑誌の撮影をしているモデルのようなイメージで。理解できない部分が多くて、最初は投げキッスなんて恥ずかしくて仕方なかったんですが、またこういう役をやりたいなって思わせてもらえました」

――上村さんが「青春」を感じるときはどんなときですか？

「青春って10代の限られた期間を指すことが多いと思うんですけど、この映画はもちろん、作品を撮っているときはいつも青春だなと感じています。10代に限らず、気持ちさえ若ければ青春っていつでも味わえるものだと思います」

神宮寺 岬 役

上村海成

松丸 星愛姫 役

桜田ひより

——演じられたご自身の役について教えてください。

「星愛姫ちゃんは芯がしっかりしている分、他人にも強気な態度をとってしまう女の子です。でも、好きな男の子の前になるとデレデレしちゃったり、いざというときは友達思いな一面を見せることもあります。そんな星愛姫ちゃんが主人公のももかと出会って、少しずつ変わっていく姿は、演じていてすごく楽しかったです。シーンごとに変化していく心情の変化を観ていただきたいです」

——現場はどんな雰囲気でしたか？

「とにかく楽しい現場でした！ こんなに大勢の同年代の人たちとお仕事するのは初めてで、新鮮でした。楽しく和気あいあいとした雰囲気のなか撮影が進み、撮影の合間は学校の休み時間や放課後のようでした」

——奥河内でのオールロケはいかがでしたか？

「手作りのおいしいご飯を用意してくださったり、撮影現場へ送迎してくださったり、地元のみなさんに本当にご協力いただきました。おかげで自分の地元のように感じられ、安心できる環境で撮影に臨めました」

宇佐美 雪 役

吉田美月喜

――現場はどんな雰囲気でしたか？
「私がすごく緊張して現場に入っていたら愛海ちゃんが『リラックスして親友みたいに話そう』と言ってくださって、すごく助かりました。とにかく楽しい現場でした。監督にめちゃくちゃいじられるんですけど、そのお陰でとてもリラックスできていて（笑）。緊張しちゃうと固まっちゃうタイプなんですけど愛海ちゃんと監督、みなさんのおかげで楽しみながら撮影することができました」

――演じられたご自身の役について教えてください。
「私は主人公・ももかの親友役を演じさせていただきました。とにかく雪は真面目な子で、何事にも一生懸命です。雪が頑張っている和太鼓を、私は経験したことがなくてリズムをとることも、バチの使い方や姿勢も全部イチから。最初はとても不安でした。練習を重ねて撮影のときには心から純粋に楽しんで和太鼓を打てたと思います」

――奥河内のみなさんについての印象を教えてください。
「とにかく温かい人たちばかりです。優しいだけでなく、関西のノリで話しかけてくださるので、緊張をほぐしてもらっていました（笑）」

鬼ガール!!

放課後カメラ

'19 6 18

'19 6 18

'19 6 17

'19 6 16

'19 6 16

鬼瓦りりか 役

深尾あむ

——印象に残っているシーンはどんなシーンですか？

「やっぱりライブのシーンですね。TRAIN-TRAINをみんなで歌ったことが一番印象的で楽しかったです。人前で歌うことは今まであまりなかったので、とても緊張していましたが、本番になるとその場にいたみなさんがライブを盛り上げてくださったので、やりきることができました」

——鬼瓦家での撮影はどうでしたか？

「お父さん役の山口さんがすごく面白くて、休憩中にドッキリを仕掛けたりして遊んでいました（笑）。お姉ちゃん役の井頭さんはとても優しくて、いつも褒めてくれていました。弟役の末次くんは、ものすごくお喋りで面白くて本当に弟にしたいなと思っちゃいました（笑）」

——りりかにとっての「青春」って何だと思いますか？

「お姉ちゃんの「ももか」が、青春したい気持ちに対して、りりかは真逆だったと思います。「ロックやから」ってやんちゃな気持ちが強くて、「青春なんて関係ない！」っていうぐらいの心構えだったと思います」

蒼月 忍役

テイ龍進

——奥河内でのオールロケを終えていかがでしたか？
「エネルギッシュな若いみなさんと一緒にお芝居をさせていただき、初心にかえることができました。台本の中にある『映画は人を元気にする』というセリフにとても共感していたのですが、クランクアップした瞬間に僕が本当に元気をもらえて映画の素晴らしさを再確認できました。この映画の大ヒットを心より願っています。ありがとうございました」

楠木 滝覚 役

六平直政

――奥河内でのオールロケを終えていかがでしたか?

「地元復興にもなり、商店街の復興にもなり、とてもいい形で映画を作っていると思います。地元の方が映画を観たときに『私が映った!』『隣のおじさん映ったよ!』って、知っている人が出てくる楽しみ方がありますよね。若者が中心となった映画というのも最近では少なくなっているのでみなさん、若者の映画を応援してください。多くの人に見ていただけることを期待しています」

鬼瓦 大鉄 役

山口智充

――奥河内でのオールロケを終えていかがでしたか？

「大阪出身者として大阪を再発見する機会になりました。若手の初々しいみなさんと和気あいあいとしながら演じるという現場はなかなかないのでとても幸せでした。ぜひ『鬼ガール2』を期待しておりますので、そのときまた父ちゃん役で呼んでいただければ嬉しいですね。じぃちゃんになるまで続けばいいなと思っています。ありがとうございました」

鬼ガール!! 撮影日記

6/15

鬼瓦家

クランクイン！

6月中旬、いよいよ鬼ガール!!の撮影が始まりました！初日は鬼瓦家で主演の井頭さん、父親役の山口さん、妹役の深尾さん、弟役の末次さん、そして友人役の吉田さんがクランクイン！りりかの部屋のTHE BLUE HEARTSのポスターや、おにぎらずなど小道具にもご注目！

6/16

清教学園

岬先輩の登場シーンが鬼アツイ！

撮影2日目は清教学園でももか達の学校生活の撮影となりました。30名近くのエキストラと実際の清教学園の学生さん達の協力もあり、登校シーンは和気あいあいと楽しそうなシーンになりました。そして岬先輩の登場シーンへ！黄色い歓声を浴びながらテニスコートでスポーツをする岬先輩も必見です！

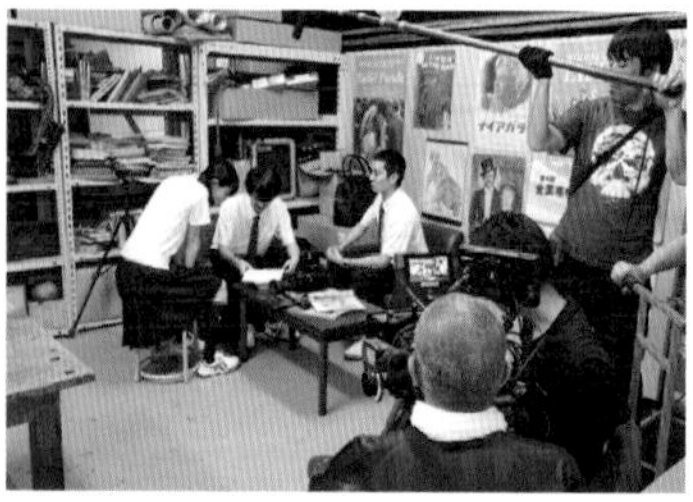

6/17

清教学園

豪華なキャスト陣による学園生活！

この日も清教学園での撮影。蓮役の板垣さんもクランクインして、主要キャストでの学園生活を順調に撮り進めていきます。撮影の合間にはTikTokerのべろんちゅさんが登場！映画公開のPR用にオリジナルの音源に合わせた振り付けでみんなで楽しそうに動画を撮る姿は青春そのものでした。

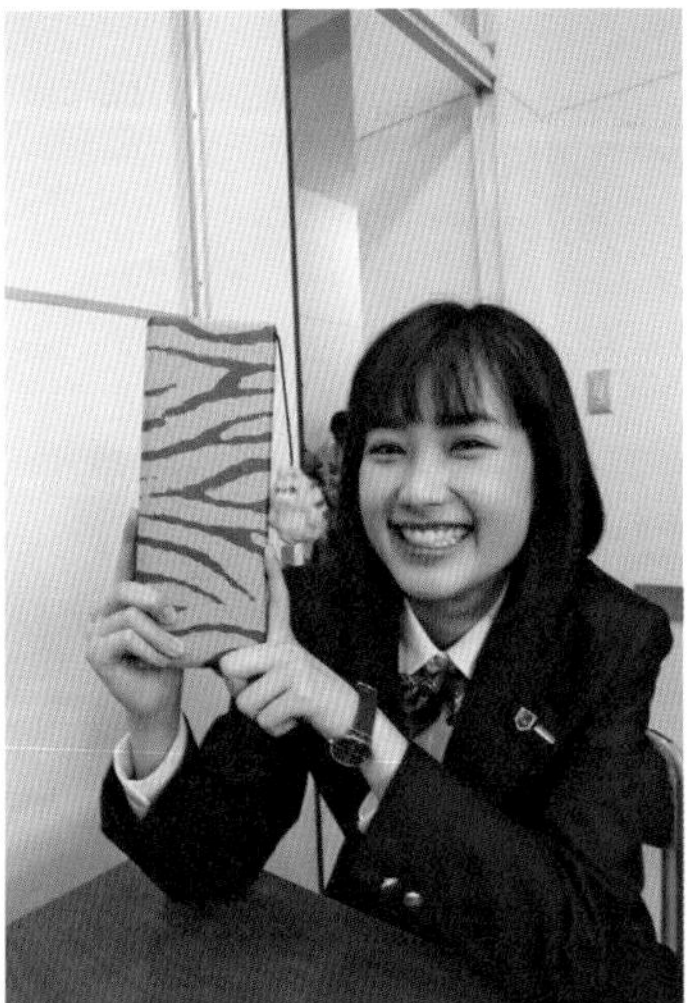

6/18

清教学園

桜田さんが演じる星姫愛の役どころに注目！

この日は教室を変えて1日中、映画部の撮影でした。桜田さんが演じる星姫愛は、監督に言わせれば「ももか達にはいじわるだけれど、どこか愛らしく嫌味にならないとても難しい役」。蓮に目を輝かせたり、いじわるだったり、本気で作品に取り組んだり。映画部では、星愛姫の色々な一面が垣間見えます。

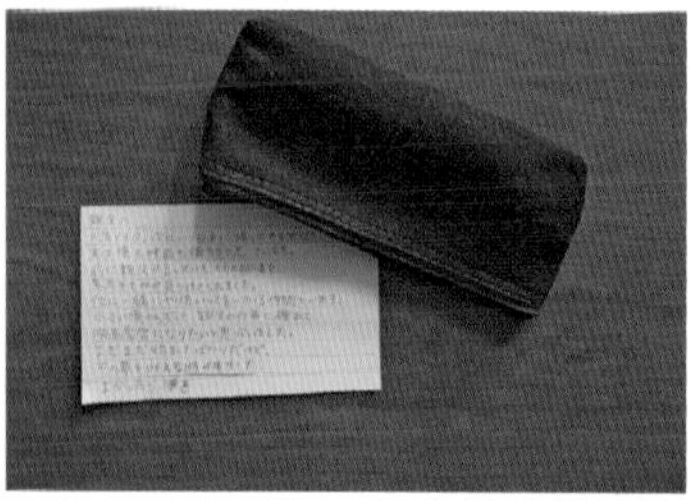

6/19

錦水橋ほか

メイクさんの手が込んだ技術に注目！

登下校のシーンと岬先輩を仲間にするためももか達が説得をするシーンの撮影は錦水橋の河原付近で撮影されました！ももかが自転車で転んだときの傷のメイクや、関西サイクルスポーツセンターで撮影された星愛姫のヘアメイク、インスタの特殊メイクなど、メイクさんの手が込んでいて必見です！

6/20

岩湧山

連鎖劇の撮影のため、岩湧山山頂へ！

岩湧山の山頂での撮影のため早朝から移動が始まりました！この日は連鎖劇のスクリーンの中の撮影ということで、学生ではないももか達の衣装にも注目です。部活の撮影道具としてカメラやマイクが登場しますが、実はその中に本物のマイクを潜ませていたり面白い撮影の仕方をしていますよ。

6/23

願昭寺ほか

燃え上がる炎と太鼓の音の迫力に圧倒！

雪とたいがの見せ場である太鼓を打つシーンは願昭寺にて実際の炎と共に撮影されました。1つのシーンを12カットに分けて、しかも炎が消えるまでという時間制限のある撮影に緊張感が走ります。無事、撮影を終えた雪役の吉田さんは「練習の成果が出た」と、安堵の笑みを浮かべていました。

6/24

荒滝ほか

部活の域を超えた、鬼アクションシーン！

撮影も中盤に差し掛かりました。梅雨時期の撮影となりましたが、鬼ガール!!の撮影を見守るように奥河内は晴天続き！自然の美しさが映えます。この日はアクションシーンが多く、特に上村さん演じる岬が荒滝で戦うシーンやサルとイヌが戦う姿は高校生の作品とは思えないほど本格的です！

6/25

鬼住橋ほか

鬼食い！鬼ドン！鬼漕ぎ！

16歳の大鉄役を演じる西山潤さん。蕎麦博ではそば団子を「鬼食い！」、鬼住橋ではひとみを「鬼ドン！」と、勢いのあるシーンが撮影されました。また、この日はももか達鬼瓦家の家族でのラストシーンを撮影後、夕方にはみんなで自転車を「鬼漕ぎ！」。鬼・鬼・鬼！の怒涛の撮影日でした。

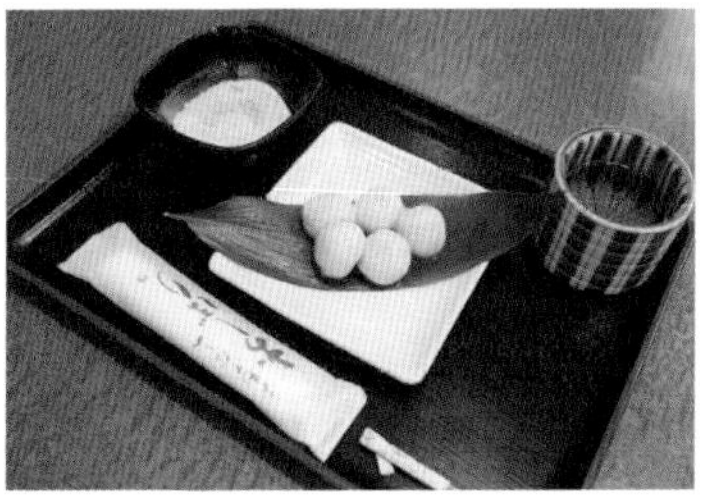

6/26

千代田短期大学
ほか

スムーズに撮影が終了！

ももかと蓮が印刷した脚本を手に、連鎖劇へ挑むことを決意するシーンは千代田短期大学の図書室にて撮影されました。また、「鬼の文化史」がずらりと並ぶ図書館は、河内長野市立図書館がロケ地となっています。この日は撮影がスムーズに進み、いつもより早く撮影が終了しました。

6/27

鬼瓦家

台風直撃で急遽屋内の撮影へ！

この日はちょうど台風が直撃し1日中鬼瓦家での撮影となりました。6歳のももかを演じる花凛ちゃんは主演の井頭さんとすっかり仲良しに。「井頭さんみたいな女優さんになりたい」と可愛らしいコメントを残してクランクアップとなりました。撮影も残すところあと5日！

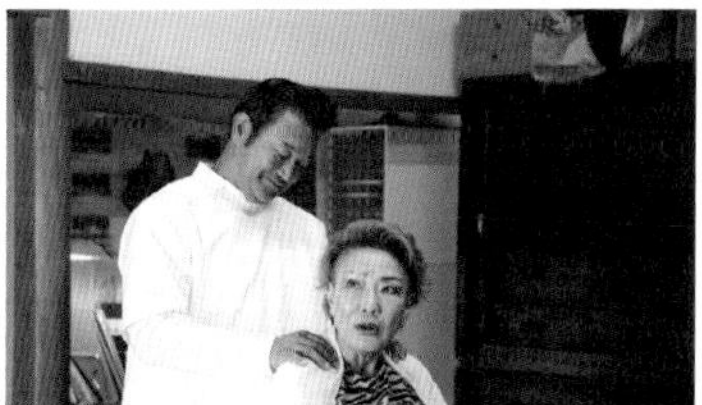

6/28

観心寺ほか

山口さんクランクアップ！

この日は大鉄役の山口さんと、忍役のテイさんを中心に撮影が進みました。観心寺ではレッドカーペットをひいて奥河内ふるさと映画祭のシーンを撮影。大鉄と忍が語り合う焼鳥屋さんは、炊き出しなどにもご協力いただいた「一徹」さんで撮影されました。全ての撮影を終えて山口さんはクランクアップ！

6/29

金剛寺

りりか渾身の鬼LIVE!!

エキストラのみなさんを交えて、りりか率いるバンド「鬼ロック」のライブシーンを撮影。暑い中、クレーンを駆使して何度も繰り返し撮影が行われました。その甲斐あってスクリーンではさまざまな角度で「鬼ロック」のライブの迫力を楽しめるはず！

7/1

いよいよ連鎖劇シーンの撮影開始！

ももか達映画部の連鎖劇シーンの撮影はリハーサルに1日、本番の撮影に2日と計3日間かけて撮影されました。実際に今まで撮影した映像と舞台上での演技が連動した連鎖劇に瀧川監督も「完璧やん」と絶賛！ 物語の中のももか達と同じように、鬼ガール!!の撮影もクライマックスへ。

観心寺

7/2

観心寺

連鎖劇を終え、クランクアップ！

映像と舞台上での演技に、生演奏の音楽が加わりました。地元の方のご協力でエキストラも交え、集大成の撮影となりました。なんとこの日は大阪府知事も撮影に参加！中心キャストのシーンを無事全て撮り終えて、クランクアップとなりました！お疲れ様でした。撮影も残り1日です。

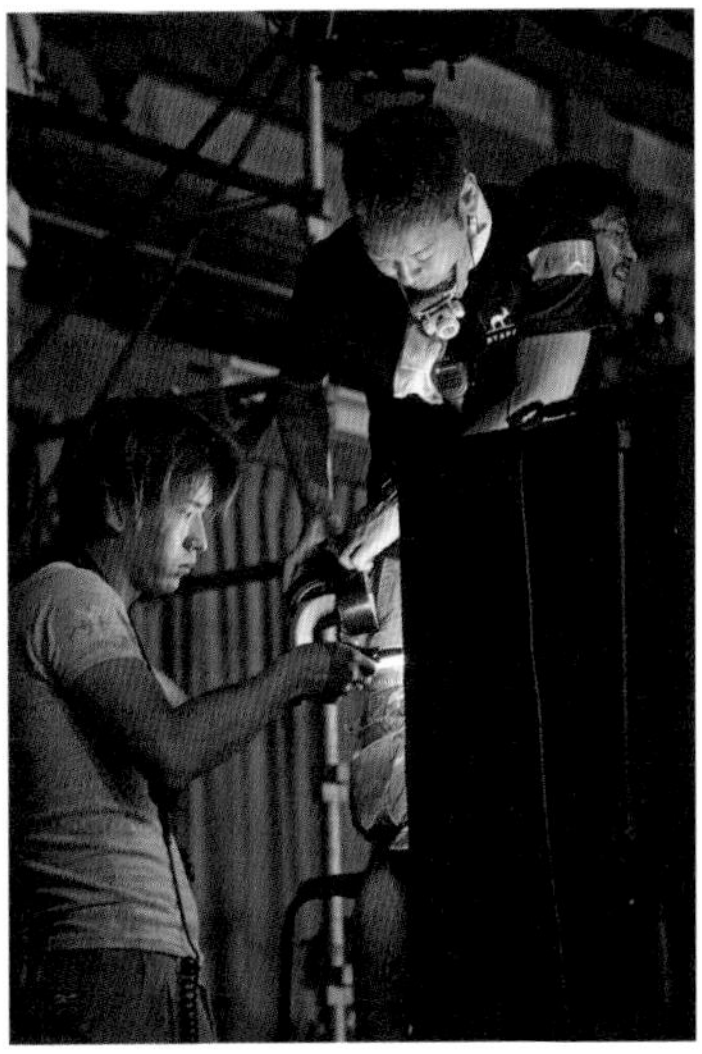

7/5

関西国際空港

撮影最終日！

残すは関西国際空港にて、忍役を演じるテイ龍進さんの撮影シーン。映画を撮影しているシーンではプロデューサー役として忍の横に座って瀧川監督が出演しています！ここでもエキストラの皆さんのお力を借りて、約3週間にわたる全ての撮影が終了しました！怒涛の撮影の日々、みなさまお疲れ様でした！

鬼ガール!! goods

1

鬼ガール Tシャツ

各2500円

鬼ガールの主人公・ももかのイラストが描かれたオリジナルTシャツ。ピンクとブルーの2色あり、それぞれ異なるテイストでももかが描かれている。

2

缶バッジ

500円

鬼ガールのロゴがあしらわれた缶バッジ。映画のイメージカラーであるビビットピンクが目を惹くアイテム。

3

ステッカー

1000円

映画のテーマである「青春」を思わせる桜と、鬼ガールのロゴがあしらわれたステッカー。

4

ダウンロードできます!

ロケ地 MAP

河内長野市内の撮影スポットを紹介したロケ地MAP。河内長野市のホームページからダウンロードできる。

1～3 問い合わせ
奥河内ムービー・プロジェクト実行委員会
(okukawachi.movie2018@gmail.com)

鬼ガール!!

あの名場面が生まれた場所を巡ってみよう!

ロケ地MAP

劇中に出てきたお寺やお店などのスポットを
主人公になった気分で実際に巡ってみよう!

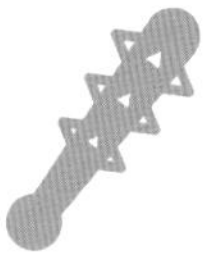

1 檜尾山 観心寺

連鎖劇を披露する場所として映画のラストシーンに登場しています。日本遺産『中世に出逢えるまち ～千年にわたり護られてきた中世文化遺産の宝庫～』の構成文化財のひとつとしても知られています。

住河内長野市寺元475

2 天野山 金剛寺

りりかが「鬼ロックライブ」を開催した場所として撮影されました。金剛寺には空海が密教の修行を積んだという言い伝えがあります。

住河内長野市天野町996

6 清教学園中学校・高等学校

ももかたちが通う「奥河内高校」として教室や映画部部室の撮影場所となりました。演劇部が指導されているシーンや岬先輩が使っていたテニスコートなど、作中にたくさん登場しています。

※私有地につき入ることはできません。

7 浄心山 願昭寺

雪とたいがが和太鼓を披露するシーンで登場しています。梅の名所としても有名な願昭寺は、富田林市の南東部に位置し、府内で唯一の木造の五重塔が美しく建立されています。

住富田林市伏見堂953

8 滝畑ダム

1982年に完成した多目的ダムで大阪府内最大の規模を誇ります。ダムの上流にある「光滝」では岬先輩が演じる河内黒麿が犬たちと戦うシーンやももが流れてくるシーンなどで登場します。

住河内長野市滝畑

3 鬼住橋

鬼瓦家の周辺として家族写真のシーンや「鬼ドン」の回想シーンなどを撮影した場所です。神ガ丘という集落はその昔 、「鬼住」という地名で知られていまし た。

住河内長野市神ガ丘

4 河内長野商店街

河内長野市の中心部に広がる昔ながらの趣のある商店街。映画祭のシーンでは実際にレッドカーペットが敷かれ、約700名のエキストラのみなさんが大いに盛り上げてくれました。

5 石川河川敷

大阪府南東部を流れる大和川水系の一級河川で夏には子どもたちが川遊びをする人気スポットです。ももかと星姫羅が岬先輩を説得するシーンはここで撮影されました。

12 大阪千代田短期大学

ももかと蓮が「幻の脚本」を手に映画祭のレッドカーペットを目指すと決めるシーン。1965年に日本最初の幼児教育科を持つ短期大学として開学した大阪千代田短期大学の図書館が撮影場所となりました。

※私有地につき入ることはできません。

13 薬樹山 延命寺

紅葉の名所として有名で、夕照もみじは大阪府の天然記念物に指定。映画では、季節の移り変わりのシーンで撮影場所となりました。

住河内長野市神ガ丘492

14 下赤阪の棚田

「日本の棚田百選」に選ばれ、金色の稲穂が波打つように輝く秋には、たくさんのアマチュアカメラマンが詰めかける棚田。映画では、連鎖劇のシーンで 撮影場所となりました。

住南河内郡千早赤阪村大字森屋

※下赤阪の棚田には駐車場がありません。消防署横の駐車場をご利用ください。

9 岩湧山

連鎖劇内で河内黒麿がももかの演じる「鬼住さくら」と出会うシーンとして撮影されました。大阪府下でも指折りの自然豊かな山で、ダイヤモンドトレールの一部です。

住河内長野市滝畑

10 ラブリーホール

約1300人を収容できる大ホールが作中の「映画祭」のメイン会場となりました。クラシック・コンサートをはじめギャラリー展示など、幅広い目的に対応できる河内長野市民の文化振興の拠点です。

住河内長野市西代町12-46

11 関西サイクルスポーツセンター（変わり種自転車）

自転車をテーマにした楽しいアトラクションや、キャンプ場などがあり、こどもからおとなまで楽しめる施設です。ももかが星愛姫に協力してほしいと頼み込むシーンは、ここの「変わり種自転車」が使われています。

住河内長野市天野町1304

18 関西サイクルスポーツセンター（展望広場）

蓮がももかを「怪力」と呼ぶきっかけになった幼少期の回想シーンを撮影した広場は、関西サイクルスポーツセンターの敷地内です。

住 河内長野市天野町1304

19 錦渓幼稚園

たいがを含めた園児たちが錦渓太鼓を練習している風景は、ここで撮影されました。錦渓幼稚園の卒園生である瀧川監督のゆかりの場所でもあります。

※私有地につき入ることはできません。

20 関西空港

蓮の父・忍が空港でチェックインするシーンは、大阪湾内泉州沖に造られた世界で初めての「完全人工島からなる海上空港」として開港した関西空港のANAカウンターで撮影されました。

住 泉佐野市泉州空港北1

15 河内長野市立図書館

蓮が「幻の脚本」を探すために訪れた図書館。河内長野駅から徒歩17分の場所にある市立図書館で河内長野市立市民交流センターKICCS内にある開放的なスポットです。

住 河内長野市昭栄町7-1

16 麺坊 蕎麦博

雪のバイト先としてロケ地となったお店。作中で仲間を増やしていく過程で登場する「そば団子」は蕎麦博さんが作ったものです。キャスト・スタッフへ食事もご提供いただきました!

住 河内長野市南貴望ケ丘1-19

17 一徹

大鉄と忍が酒を酌み交わすシーンが撮影されました。ロケ地としてだけでなくケイタリングにもご協力いただいたお店です。こだわりの焼鳥と瀧川監督の大好きな唐揚げを是非!!

住 河内長野市菊水町1-7

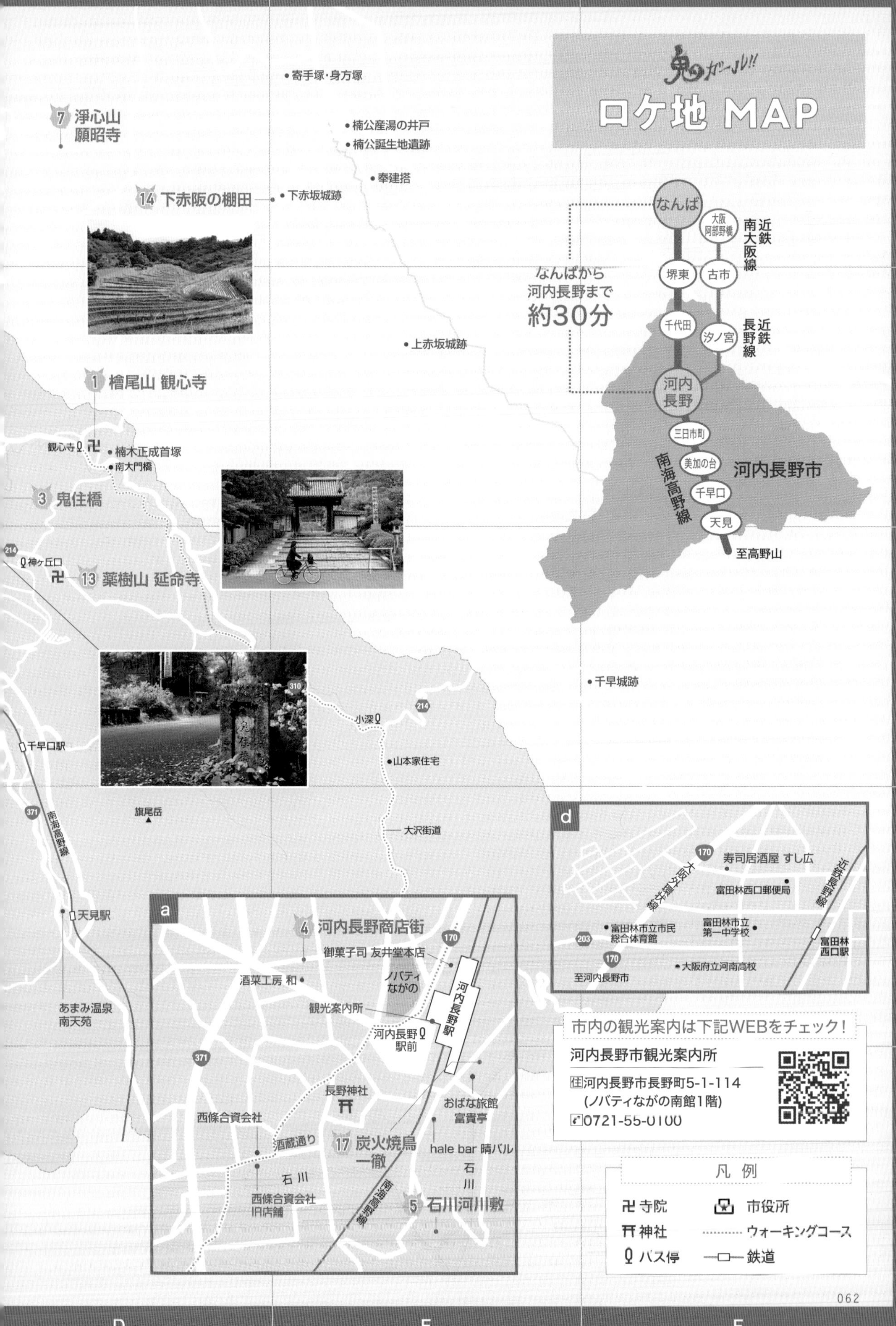

市内の観光案内は下記WEBをチェック！

河内長野市観光案内所

住 河内長野市長野町5-1-114
(ノバティながの南館1階)
☎ 0721-55-0100

凡例

卍 寺院
⛩ 神社
バス停
市役所
ウォーキングコース
鉄道

A
B
C
1
2
3
4
5
b
増福寺
上田
上田金比羅宮
旧三日市交番
月輪寺
371
南海高野線
加賀田川
スーパーマーケット
三日市宿
八木家住宅
郵便局
三日市町駅前
フォレスト三日市
三日市町駅
209
コンビニ
c
20 関西空港
関西国際空港
二色の浜海水浴場
南海本線
泉佐野駅
りんくうタウン駅
63
247
26
イオンモールりんくう泉南
204
阪和線
日根野駅
千代田駅
tearoom Alice
汐ノ宮駅
焼鳥と釜めし とりぞう
310
16 麺坊 蕎麦博
170
近鉄長野線
南海高野線
寺ケ池
米職人玄米屋の玄さん
スリランカダイニングアマヤ
天野街道
千代田台
Bb cafe
河内長野市役所
19 錦渓幼稚園
郵便局
15 河内長野市立図書館
市民交流センター前
和風茶屋 中谷
住吉神社
千纂里庵
ラブリーホール前
神社前
野作
西代町南
a
天然温泉河内長野荘
河内長野駅
河合寺
12 大阪千代田短期大学
10 ラブリーホール
長野車庫
居酒屋 えびす亭
烏帽子形八幡神社
烏帽子形城跡
下高向
6 清教学園中学校・高等学校
中高向
b
加賀田
高野街道
217
下里口
170
上高向
三日市町駅
209
奥河内くろまろの郷
インド料理モダカ
高向神社
豆の蔵元 光栄ピーナッツ
門前
塩崎橋
371
上之山神社前
第一公園前
2 天野山 金剛寺
天野山
麺坊 万作 南花台本店
南花台4
美加の台駅前
美加の台口
美加の台駅
日野口
奥河内くろまろの郷
東部
kawabata farm
Lyhica
炭火焼肉 笑福園 北青葉台店
221
218
サイクルセンター
11 関西サイクルスポーツセンター（変わり種自転車）
神納
伝大江時親邸跡
18 関西サイクルスポーツセンター（展望広場）
滝畑ダムサイト
8 滝畑ダム
9 岩湧山
岩湧寺
滝畑ダム
218
光滝
荒滝
夫婦滝
A
B
C

U NAKAMURA

「鬼ガール!!」原作者

中村 航

写真＝norun 小林正和　取材・文＝中田絢子

『鬼ガール!!』の原作者である中村先生に、この作品が生まれた経緯や制作秘話についてインタビュー。もの作りへの思いや、子どもたちへ向けた作品のメッセージを知ることができました。

——今作は、鬼の末裔で、鬼と人間のハーフであることを隠しながら生活する女子高生・鬼瓦ももかが、部活動に打ち込みながら成長していく姿を描いた物語です。今回、なぜ「鬼」を主人公にされようと思ったんですか？

中村　ももかは、自分にツノがあったり鬼であることに対して、すごくコンプレックスを抱いている女の子です。鬼は昔から、人間とは違う造形で、違う場所に棲んで……と、差別意識を含んだ形で怖れられてきた存在だと思うんです。それを現代風のコンプレックスや自信のなさに変えて、主人公に乗り越えてもらいたかった。あとはそもそも、鬼に興味がない人なんていないでしょ？　僕も子どものころから興味がありましたし。児童文学の『泣いた赤鬼』や、小学校の合宿で歌わされた『鬼のパンツ』なんかで鬼を認識し始めたのかなぁ。でも、『うる星やつら』のラムちゃんとかね、あまり怖いイメージはなかった

——では、鬼を登場させるストーリーは以前から温められていた？

中村　具体的に考え始めたのは、2009年に『オニロック』という絵本を作ったあとです。この絵本の主人公も、鬼の男の子なんですが、「鬼」という題材と、絵本の相性がとてもよくて。次に作るとしたら、児童小説ならその世界観をうまく表現できるかもしれないと思っていました

——それで今作は、児童小説として作られたんですね。鬼を登場させるにあたり、意識されたことはありますか？

中村　とにかくキュートに描くように心がけました。犬や猿が苦手という、桃太郎を連想させるようなことを入れてみたり。あとは、ももかたちの友情・恋愛・家族愛など、さまざまな関係や思いを丁寧に追うことで、生き生きとしたキャラクターとして描いたつもりです

——主人公たちは、映画作りに没頭していきますが、なぜ「映画」をテーマに？

中村　小説の舞台である大阪府河内長野市を訪問したのが大きいですね。そこで映画祭に参加して、映画祭で地域を盛り上げようと頑張っていらっしゃる方々に

なかむら こう●小説家。2002年、デビュー作『リレキショ』で第39回文藝賞を受賞。続く『夏休み』『ぐるぐるまわるすべり台』が芥川賞候補に。ベストセラー『100回泣くこと』のほか『デビクロくんの恋と魔法』『トリガール！』など映像化作品も多数。

NTERVIEW KO

「本来、主人公が〝鬼〟じゃなくても成立する話なんです」

norun 小林正和

もお会いし、「映画」を扱うのがいいかもしれない、と思ったんです

——そもそも、なぜ河内長野市へ?

中村　2年前、映画『鬼ガール!!』の監督である、当時まだプロデューサーだった瀧川元気さんに、飲みの席で初めてお会いしました。そのとき、瀧川さんの地元の河内長野市で映画を撮りたいっていう話を聞いたんですよ。そこで、正式なオファーではなかったんですけど、原作を書いて欲しいって頼まれて。映画祭もあるし、一度、河内長野市へ行ってみようということになりました

——河内長野市の印象は?

中村　ちょっと大胆なこと言いますけど、僕は今、邪馬台国って河内長野市にあったんじゃないかって思っているんです(笑)。山間の集落や、そこを抜けた先にある桜が綺麗な場所、山の上の小学校、人々が集う立派なお寺や史跡なんかを見せてもらったんですけど、いかにも鬼が棲んでいそうなんですよ。というより、こういうところに鬼の子が棲んでいたら楽しいだろうなと思って。邪馬台国を治めていた卑弥呼は、「鬼道」という占いで国を統治しており、卑弥呼と鬼は共存していたともいわれています。そして、鬼が棲んでいたという伝説が残る、このエリアの旧「鬼住村」は、いつしか「神ガ丘」という地名になったわけです。この場所を知ったことが、『鬼ガール!!』の物語が具体的に動き始めるきっかけでした

——その後、どういう流れで映画化に?

中村　そのころ、タイミングよく出版社の方に児童小説を書かないかという話をもらったんです。そこでこの構想を伝え、『鬼ガール!!』を書くことになりました。それと同時に映画化の話も、とんとん拍子で進んでいきました

——いろんなことが奇跡的に重なったんですね! 映画化が正式に決まったときは、どんなお気持ちでしたか?

中村　それは嬉しかったですね。今回は原作のほか、脚本の一部にも関わらせてもらい、自分がやれることは全てやったので、あとはスタッフの皆さんに頑張ってほしいという気持ちで。映画は、監督をはじめ骨格を作る制作陣と、演じる俳優さんが一丸となってチームで作るものですから。主演の井頭愛海さんも初々しくて可愛いらしい方ですよね

——制作陣と演者といえば、作中、ももかを映画部に誘った神宮寺岬センパイにももかが「センパイは〝創る〟ことより、体や声を使った〝表現〟のほうが好きなんじゃないか」ということを言う場面があります。中村先生は、〝創る〟と〝表現する〟ことについては、どう思われてい

ますか？

中村　みんな、どちらもできるようになりたいんだけど、意外とどちらかしかできないもの。岬センパイは、〝創る〟こともやってみたけど、結局〝表現する〟ほうが向いていた。僕も昔、バンドをやっていたんですけど、詞や曲を作るのはすごく楽しいのに、ステージ上で表現するのは得意じゃないから、楽しくなかった。最初はドラムをやっていて、そのときは楽しくやってただけなんですが、その後ボーカルをやるようになって、そのジレンマを強く感じました。でも、ステージ上での演奏が一番好きな人もいる。その違いはなんだろうって考えたら、結局は「好きなものが違う」ってことなんですよね。だから、憧れはあったとしても、楽しくないものを無理に追うんではなく、好きなほうを突き詰めればいいんだと思います

――ももかは最初、演じることに興味があったわけではないですが、周りの人たちとの出会いの中で、だんだんとのめり込んでいきました

中村　自分の適性を頭のなかでずっと考えることより、目の前のものや身近なものに興味を持って飛び込んでいくことのほうが大切だと思います。いま輝けることを見つけることが、将来の輝きにつながっていくんですよね。ももかだって、いまは演じることに夢中だけど、なにも将来、オスカープロモーションに入ることを望んでいるわけではない（笑）。いま、若い子たちに将来の夢や目標を聞くと、みんなはっきりとした答えを返してきます。あれって、夢を持つことが素晴らしいという風潮のなかで、うまく生きていくために用意しなきゃならない、ってところもあるんじゃないのかな。だとしたら、夢をもてない、っていう悩みの根は深いのかもしれないですね。だけど、そうだとしても別に焦る必要はないんじゃないかな。実際、僕が小説家になろうって決めたのなんて、27歳のときですし。それより、自分がいまやっていて、一番嬉しい、楽しいってものを見つけてほしい

「いま輝けることを見つけることが将来の輝きにつながっていく」

――この作品を通じて、ほかにどんなことを伝えたいですか？

中村　チームで作ることの楽しさや素晴らしさ、プライドや責任感、やり遂げたときの喜びなどを「映画」という題材を通して描きたかった。これは、この本を読む小学生・中学生へのメッセージであり、エールです。そして、河内長野市で映画を作る方々へのエールでもあり、自分自身へ向けたエールでもあります。新型コロナウイルスの感染拡大などで大変な時代ですけど、またみんなで集まって、映画を作れるといいですね

――中村先生は、どんなときにチームの大切さを感じますか？

中村　今作は特にチームで作った作品だと思っています。普段小説を書くときは、わりと僕一人で書いているって感じなんですけど、今回は周りに頼ることが多かった。たとえば、担当の編集さんに「これじゃあ、中村さん、小学生は分かりません！」とか、「こんな男の子じゃ好きになりません！」とかガンガン言われたり（笑）、小学生にとって1章がどれくらいの分量だと読みやすいのか教えてもらったり。あと児童小説って、イラストが入って初めて完成するってところがあって、イラスト担当の榊アヤミさんにもたくさんご協力いただきました。僕一人では作れなかった作品ですし、みなさんのおかげで、それぞれのキャラクターが、とても可愛らしく仕上がったと思います

――最後に、これから『鬼ガール!!』を読まれる方へ、ひとことお願いします

中村　今作は、児童小説ということで、小学生・中学生が、誰でも読みやすいよう意識して作りました。この時期の子どもたちっていろんな本に触れて影響を受けますから、この本もぜひ読んでもらいたい。それと同時に、じつはお父さん、お母さんも楽しめる作品なんじゃないの？って、密かに思っています（笑）。ぜひ大人の方にも読んでいただきたいですね。この作品には、親子や夫婦愛、兄弟の関係性や恋愛感情、ライバル関係……など、さまざまな要素を本当にたくさん盛り込みました。今作がみなさんに支持してもらえたら、まだ深堀りしきれていない部分を、第2、第3巻で描きたいと思っていますので、まずは第一弾の小説と映画を、じっくり楽しんでいただければ嬉しいです

◯原作本をCHECK!!

読めば頑張りたくなる青春物語！

鬼と人間の子どもであることを隠して生活する女子高生・鬼瓦ももかは、入学早々、映画部の神宮寺岬センパイに、映画に出演しないかと誘われ、一目ボレ。しかし映画部には、昔、ももかのことをいじめていたクラスメイト・蒼月蓮もいて……。

「鬼ガール!!　ツノは出るけど女優めざしますっ！」
中村 航・作　榊 アヤミ・絵　角川つばさ文庫　定価748円

鬼ガール!! シナリオ

1 絵巻物

ナレーション「魏志倭人伝によると、かつて卑弥呼は、鬼道（きどう）、すなわち鬼の力で国を治めたという。果たしてその鬼とは何なのか？ 奥河内、神ガ丘……。かつて鬼住村と呼ばれたここで、人間と鬼族は共存していたというが……」

絵巻物に描かれている、卑弥呼と鬼族、芸事を見守り続けている様子など。

2 奥河内の山間～鬼瓦家 外観

テロップ「河内長野市 神ガ丘（旧 鬼住村）」

木々の木漏れ日が眩しい森を抜けた先、ひっそりと建つ立派な日本家屋。

鬼瓦家だ。

3 同 居間

家の中には、金棒や、獣の皮などが家の中に飾られている。

険しい表情でテレビを見ている、エプロン姿の鬼瓦大鉄（45）。

× × ×

ローカル局と思わしきニュース番組。神宮寺岬（17）が、爽やかにインタビューに答えている。【奥河内ふるさと映画祭】のテロップ。

岬「そうですね……今年は俳優だけではなく、監督もやって、傑作を作りたいと思っています」

× × ×

大鉄「（テレビを見ながら）……映画祭、か」

りりか「このイケメン、お姉ちゃんの入学する高校やん」

鬼瓦りりか（13）とたいが（6）、朝食をとっている。食卓の上には、おにぎらずが並んでいる。※この朝はももかも含め全員、角が生えている。

と、廊下の奥から、「もお～！」と声がする。

ややあって、ドタドタと鬼瓦ももか（15）が入ってくる。振り向く大鉄、笑顔になって。

大鉄「おはよう。飯食うか？ 朝から父さん、握ったぞお。鬼が握る、オニギラズ～」

ももか「食べる時間ない（テレビに気を取られ）わ、イケメン」

ももかテレビに気を取られながらも、おにぎらずを弁当箱に入れる。

大鉄「……お前こういうのがタイプなんか」

ももか「ち、ちがうわっ！……それよりこれ！ 一緒に洗濯するな、言うてるやんけ！」

大鉄のトラ柄のパンツを放り投げ、居間を出ていくももか。

大鉄、自分のパンツを手に取り、

大鉄「カワイイと思うんやけどなあ」

たいが「思うんやけどなあ」

4 同 ももかの部屋

ももかNA「高校初日……初日は大事……」

天パっぽい髪に必死にストレートアイロンを当てるももか。

鏡を見ながら色付きリップを塗ったり、オシャレしている。

ももかNA「絶対に、鬼バレしないように――」

ももか、自分の頭を何度も押さえて。

ももか「……よし」

立ちあがる。

5 鬼住橋（春）

ももかNA「こんな山奥でくすぶってる場合じゃないし――、わたしは、夢中になれるものを見つけて！ 友だち作って――、恋もして――」

ももか、自転車を漕いで橋を渡る。

橋の名前は、『鬼住橋』。

6 学校までの道（春）

ももかNA「だって青春！ たった一度きりの、私の青春！」

緑豊かな山間から、ひとたび空を抜けると、桜の綺麗な街並みと人々の営みが広がっている。

――タイトルイン『鬼ガール!!』

7 下り坂

ももか「ひょ～、青春や～」

坂を気分よく下っていくももか。

フランス人、ももかに気が付かず、コスプレしてビラ配りをしている。フランス焼き店を開業したらしい。

フランス人「本場のフランス焼き、もちもち最高だよー♪」

ももか「……フランス焼き？ って、ぎゃー」

フランス人に気を取られていたため、桜の木に激突してしまう。

ももか「いったーい……」

ももか、足をすりむいてしまった。血が滲んでいる。

ももか「だけど、鬼回復」

ももかが手をかざすと、傷がみるみる消えていった。

ももか「……よし」

と、誰かの影。

見上げると、神宮寺岬（17）が立っている。

岬「大丈夫？ ケガしてない？」

岬の顔を見上げるももか。

ももか「……さ、さっきのテレビの人」

と、岬、ももかの頭をクイッと覗き込んだ。

壁ドンのようなポージング。

岬「かわいいね。君、映画のヒロインみたいだ」

ももか「え？ え？ えっ」

岬「これも似合ってる」

岬、ももかの頭についていた桜の花びらを手に取る。

ももか「……あ」

岬、ももかに微笑み、桜にフッと息を吹きかけ、自転車に乗って去っていく。

ももか、ノックアウト。気付けば角が出ている。慌てて角をおさえるももか、辺りをキョロキョロする。

ももか「ヤバイ……お父さんのトラ柄パンツのこと考えよ……お父さんのトラ柄パンツ、お父さんのトラ柄パンツ」

瞑想するようにすると、しゅるるる、と角が引っ込んでいく。

ももか「……よっしゃ！ 引っ込んだ」

8 登り坂

電動自転車で桜の坂道を昇っていく生徒たち。
『電動じゃないときついよな〜』など。
と、ももかが他の生徒たちよりもグングン速く坂を昇っていく。
『あれ、電動じゃない……』
『鬼漕ぎだな……』
抜かれて呆気にとられる他の生徒たち。

9 奥河内高校 1年1組

ざわついている教室に、ももかが入っていく。
ももかは教室の一番後ろの廊下側の席。
お気に入りのトラ柄の筆箱を取り出したりしてホームルームの準備をする。
教室の隅で、松丸《まつまる》星愛姫《てぃあら》(15)と女性生徒たちが噂している。

星愛姫「ねえ、鬼の新入生が入ったらしいって知ってる?」
生徒A「聞いた聞いた。なんか、校舎動かすくらい怪力なんやろ?」
星愛姫「ヤバいよね、気つけないと」
それを聞いていたももか、思わず首をすくめる。と、その拍子に筆箱をおとす。
拾おうとしたら、先に拾われてしまう。
ももか「ありが……」
お礼をいおうとするももか。見ると、拾ったのは蒼月蓮(15)だった。
ももか「……あ、ああ!」
蓮を指さして驚くももか。
蓮「よろしくな」
とニヤリと笑いながらペンをももかにわたす。
蓮「怪力女」
ぼそりと言ってももかの頭をぽんぽんとたたく蓮。
ももか「ちょっと!」
蓮の手をはらいのけ、怒るももか。蓮は自分の席に戻っていく。
蓮とももかのやり取りを見て、舌打ちをする星愛姫。ももか、怒りの表情で、握っていたペンを片手でバキリ、と折ってしまう。
雪「おっはよー、ももか、どうしたん?」
宇佐美雪(15)が話しかけてきた。
ももか「い、いや、なんでもないで」
慌ててペンを隠す。
雪「なぁー、私ら、同じクラスになれてよかったな。おな中はうちらだけやもんな」
ももか「うん、頼れるんは雪だけだわー」
雪「他に知り合いっておる?」
ももか「……あいつ、……小学生の頃、遊んでた」
ももかが蓮を指さすと、
雪「わ、イケメンだ」
ももか「そうかあ!?」
がらがら、とドアが開き、担任、雉本先生が入ってきた。
雉本「はい~、みんな高校入学おめでとう。担任の雉本です。よろしくね」
一同「はーい(など)」
雉本「そしたら早速だけど、自己紹介タイムにしよっか。じゃあ、こちらの席から……」
蓮「はい」
蓮、立ち上がり教室を見渡す。
蓮「蒼月蓮です! 蓮って呼んでください。僕は生まれがこの町なんですが、8歳で東京に引っ越して、また戻ってきました。一日でも早くみなさんと仲良くなりたいです。よろしくお願いします!」
一同拍手。
星愛姫はうっとりした表情で蓮を見ている。
ももか、蓮を睨んで。
ももかNA「なに爽やかな声で挨拶してんねん……忘れもしない。幼いか弱い私に……」

10 小学校時代(回想)

ももか(7)、頭をおさえながら泣きじゃくっている。
蓮(7)がももかにグッと顔を近づけて。
蓮「お前さ、なんでいっつも頭おさえてんの? 頭になんか生えてるのか?」
ももか「生えてないよう」
蓮「ちょっと見せろよ」
蓮、ももかの頭を触ろうとする。嫌がるももかは、思わずもっていたソロバンを、バキっと折ってしまう。
蓮「うお! こええっ! 怪力かよ!!」
ますます泣くももか。

11 奥河内高校 1年1組

ももかNA「……許すまじ!」
と、担任の雉本の呼ぶ声。
雉本「次、出席番号6番、6番、おーい」
ももか「(我に返って)ハイッ」
雉本「自己紹介」
ももか「あ……ああ……えっと……」
教室の視線がももかに集まる。
ももか「えっと……えっと……(小さい声で)鬼瓦……ももかです」
雉本「え? 聞こえないよ? 何ももか?」
ももか「……鬼瓦ももかです」
星愛姫「鬼瓦? え? 鬼なの?」
一同、笑う。蓮は黙ってももかを見る。
ももか、赤面。
と、角が出てきそうになり、慌てて頭をおさえながら着席する。
雉本「……頭どうしたの?」
ももか「いえ……健康ツボ押しです」
一同、笑う。

12 同 廊下

ももか「もう! 高校デビュー失敗やん!」
ももか、機嫌を激しく損ねたように歩く。

13 鬼瓦家 施術場

家の一室が整体の施術場になっている。
大鉄、白衣でお客さんに整体の施術中。
大鉄「健康ツボ押し、どうですかあ。ちょっと血の流れが悪くてこぶが出来てたので、とっておきましたよ」
客は老人だ。
壁に写真が貼ってある。祭や芸能に鬼が混ざっている写真。
客「気持ちいいですねえ。大鉄さんはこぶを取るのが上手で」
大鉄「こぶとりじいさんに出てくる鬼、あれうちの親戚なんですよ」
客「へえ~」

14 奥河内高校 階段

階段を上がりながら、巨大な手製おにぎらずをモグモグと頬張るももか。
ももか「おいひい。やっぱりおにぎりより、おにぎらずやね～」

と、踊り場で上から降りてきたのは、岬先輩だ。

岬「オニガワラモモカ、ちゃん！」

ももか「……え？」

岬「さっき君の教室に行って聞いてきたんだ」

ももか「いや、名前はその、鬼だからどうとかじゃなくって」

岬「カワイイ名前……キュートだよ」

ももか「！」

岬「ももかちゃん、女優をやる気はない？」

ももか「女優⁉」

岬、ももかに新聞記事を渡す。

『奥河内ふるさと映画祭』の新聞記事だ。

岬「今年も出品しようと思っているんだ。今度は僕が監督&主演で」

ももか「……素敵、ですね」

岬「ももかちゃん、僕と一緒にレッドカーペットを歩こう」

ももか「へ？」

岬「僕の映画のヒロインとして」

ももか「……」

ももか、とろけた表情で頷いて。

15 鬼瓦家 居間

晩ご飯中の鬼瓦家。

青春、青春、とつぶやきながら、おにぎりを食べるももか。

りりか「お姉ちゃん、さっきから何言うてんの？」

ももか「え？……あぁ。あんな、私見つけてん、自分が打ち込めるもの、夢中になれるもの」

りりか「イケメン？」

ももか「ちゃうわ、女優や、女優」

日本酒〈鬼ころがし〉をグイッと飲んでいる大鉄、その手を止める。

大鉄「女優はやめとけえ」

ももか「は？ なんで？」

大鉄「女優だけは、あかん。そもそもお前のそのフニャフニャした滑舌で、女優なんかできん」

ももか「フニャフニャ⁉」

たいが「ふにゃ？」

ももか、ばん、とテーブルを叩いて立ちあがる。

ももか「……そんな特訓して、日本一の鬼滑舌みせたるわ！」

ももか、そのまま居間を飛び出していく。

大鉄「おい！」

16 同 ももかの部屋（夜中）

早口言葉を呟くももか。

ももか「おに麦おに米おに卵……おに嫁おに豆おに迷子……」

17 下り坂（日替わり、翌朝）

ももかが昨日転んだ道を自転車で通り過ぎる。今日もコスプレフランス人がビラを配っている。

フランス人「もちもちキュート、フランス焼きはどう～」

ももか「フランス人のコスプレビラ配り、フランス人のコスプレビラ配り……」

18 奥河内高校 映画部部室 前

ももか、決意の表情で部屋の前に立つ。

ももか「……」

ノックをして入る。

ももか「……失礼します」

19 同 中

中に入ったももか。

と、女の子の行列ができている。

ももか「？」

と、蓮がやる気なさそうに列の整理をしている。

蓮「はい、来た順に並んでくださいね、押さないでねー」

ももかのところにまでやってきた蓮。

蓮「お……怪力？ お前もか？」

ももか「え、お前、も？」

蓮「岬さんに誘われたんだろ？ ここの子たちみんなそう。女優志望。ヒロイン候補」

列の真ん中の方に星愛姫が並んでいる。

蓮と話すももかを、敵意むき出しの表情で睨む。

ももか「……ええ？」

と、岬がやってきた。

岬「みんな、僕の映画のために集まってくれてありがとう。心の底から嬉しいよ。こちらはカメラマンの反町君」

反町冬季也（16）が岬の隣に立つ。オタク特有の早口でメガネをくいくいあげながらしゃべり出す。

反町「まずみんな一口に映画といってもその意義や歴史は実に奥深くて、遡ること今から約100年前、映画の父と呼ばれているフランスのリュミエール兄弟がシネマトグラフによって――」

岬「うん（遮って）早速なんだけど、明日から順番にカメラテストをする。みんなのお芝居を僕に見せてほしい」

ザワつく一同。

ももか「何これ、オーディションってこと？」

岬「この中からヒロインを選ばなきゃならない……でもこれだけは言いたい……僕は……僕はみんなが……、みんなのことが……」

同「……」

岬「……大好きだよ」

「キャー！」など拍手し騒ぐ一同。口笛がなったり「岬せんぱ～い！」と黄色い声が飛ぶ。

ももか「なんやそれ！」

20 町の蕎麦屋（夕方）

帰り道、蕎麦屋に立ち寄っているももか。

ももか「罪や……イケメンは罪や（泣きながら）」

バイトをしている雪が団子を持ってくる。

雪「はい。うちのお父ちゃん特製のそば茶団子。今日は特別に奢りやから、元気出して」

ももか「ありがとう……（食べて）……わあ、おいしい！ あ！」

と、蓮が店に入ってきた。

雪「わ、蓮くん！ なぁ蓮くんも、ももかと一緒に映画部入ったんやって？」

蓮「おれは入ったけど、怪力……は、入るのか？」

ももか「怪力いうな！ ってか、なんであんたが映画部なん？」

雪「たしかに。文化系のイメージ無いし、ちょっと意外かも」

蓮「……おれは、映画好きで、……いつか映画を撮りたくて。ただそれは、別に映画部に入らなくてもできるけど」

ももか「入っとるやん」

蓮、ももかをちら、と見て。

蓮「……うちの親父が、あの映画部のOBなんだ」

21 関西国際空港（海外へと向かう蓮の父）

一人のサングラスをかけた男が出発カウンターに入っていく。

男の正体は蒼月忍(45)。

蓮の声「親父は、あの映画部で、仲間と一緒に映画を作ろうとしたんだけど……クランクインできずに、行き詰ったらしい」

出国の書類に職業 Film Director とある。

22 町の蕎麦屋

蓮「親父たちが撮ろうとしたのは、絶対に撮れない幻の脚本だったんだ」

ももか「幻の脚本……？」

蓮「ああ。俺はその脚本をずっと探していて……。そんな脚本があるんなら見てみたいし、それを撮ることができたら、親父を超えられるかもしれないって」

ももか「ふーん。あんたのお父さんって――」

蓮「親父のことだけじゃない。映画は観る人を元気にするんだ。おれは今まで自分が映画からもらってきたものを、今度は自分で表現してみたいって」

ももか「……へえ」

真剣な蓮の顔を、ちらりと盗み見るももか。と、蓮と目が合う。

蓮「なに？」

ももか「（慌てて）いや……あ！　私、岬先輩のオーディション、どうしよ」

蓮「……好きにしたら」

雪「はいこれ、お団子」

蓮「あの人の映画には、おれは下っ端で手伝うだけだから」

蓮、団子を手に取り、去っていく。

ももか 雪「……」

23 町の蕎麦屋の前

団子屋を出てきたももか。

ももか「ご馳走様でした」

雪の声「また来てな～」

振り返ったとき、遠くにいる岬先輩に気付く。手を振った岬が、自転車で走ってくる。

ももか「ヤバ……やっぱイケメンやわ」

岬「ももかちゃん！　あのさ、僕は、ももかちゃんにヒロインをやってほしいんだよね」

ももか「……いや、でも、先輩、ファンがいっぱいいるじゃないですか。その人たちにたのんだほうが――」

岬「君がいいんだ」

ももかの腕をつかむ岬。顔を近づける。

岬「オーディションはするけど、ごめんね……うまく、この気持ち伝わるかな。君にヒロインをやってほしい、この気持ち」

岬のアップ、うるむ瞳。

ももか「……は、はい！　ちゃんと伝わってます」

二人目を合わせる。

ももか「私、先輩の気持ち、めっちゃ伝わってます」

岬「良かった」

と、岬、ももかの頭にそっと手を乗せた。

ももか「！」

手を離した岬。

ももか、手を頭に回してみると、桜の花びらが乗っている。

岬「きっと、桜咲くから。オーディション会場で待ってるね」

岬、笑顔で手を振って去っていく。

ももか、ポーっと見送る。

慌てて頭をおさえる。

ももか「ヤバい……ヤバいヤバい」

ももか、高鳴る鼓動をおさえる。

24 鬼瓦家 ももかの部屋

枕に抱き着き、嬉しそうに悶えるももか。

ももか「ふぎゃああ」

25 同 廊下

外からそれを聞いている、りりかとたいが。

たいが「ふぎゃああ言うてる……お姉ちゃん、ご飯やで」

ももかの声「ふぎゅううう」

たいが「ふぎゅうう言うてる」

りりか「……ほっとこ」

りりか、居間に向かう。

ももかの声「ふぎょおおお」

たいが「ねえ、ふぎょおお言うてるよ」

たいが、りりかを追いかける。

26 観心寺 境内（日替わり）

ももか、自転車を停めて境内に入る。

× × ×

深く息を吸い、発声練習をするももか。

ももか「あ～え～い～う～え～お～」

ももかのいる場所に、木漏れ日が集まっている。光の中のももか。

と、それを寺の住職の楠木滝覚(60)が掃除の手を止めて見ていた。

27 奥河内高校 グラウンド

体育の授業。

「よーい、スタート！」

50メートル走を走るももか。勢いづいて、あまりのスピードで走ってしまう。

ストップウォッチを持っていた体育教師。

体育教師「よ、4・3秒……」

驚きの声が上がる。

ももか「しまった……」

星愛姫「は？　いや、今のおかしいでしょ」

ももか「……い、一生に一回しか使えへん奇跡、このタイミングで使ってしまった」

星愛姫「なーるほど……ってなるか！……さては」

ももか「……なに」

星愛姫「人間じゃない」

ももか「……」

星愛姫「学校に入ってきた鬼って、ももかなんでしょ」

一同、ざわつく。

星愛姫「筆箱もトラ柄だし」

ももか「は？　ちゃうし。鬼とか、そんなん今時いるはずないやん。は、何言ってんの」

星愛姫「じゃあ鬼じゃない証拠見せて」

ももか「鬼じゃない証拠……私、サラダとかも食べるし」

星愛姫「そんなの草食系の鬼だっているでしょ。それに、ももかは、もし豆ぶつけられたらどう思う？」
ももか「豆？　そんなん嫌な気持ちになるに決まってるやん」
星愛姫「ほら！　やっぱり鬼だ！」
ももか「そんなん人間でも嫌やろ！　豆やで！」
星愛姫「わたしは豆好きだし」
もみ合いになるももかと星愛姫。
雪「ちょっとももか、落ち着いて。星愛姫も！　豆は関係ないやん」
ももかを星愛姫から引き離す雪。
にらみ合うももかと星愛姫。

28 同 女子トイレ

乱れた髪をセットし直しているももか。

リップも塗りなおす。

ももか「……ふう（深呼吸）」

鏡の中の自分を見つめて。

ももか「……集中。……鬼集中」

29 同 オーディション会場前

『オーディション会場』の貼り紙など。

会場のドアを開けた。

ももか「失礼します！」

30 同 中

前回よりも女の子の数が増えている。
ももか「えっ、ふえてるやん！」
顔をしかめるももか。
× × ×
カメラの前に立つももか、深呼吸する。
岬「いけるかな？」
ももか「……はい」
岬「じゃあ、いってみよう。よ～い、スタート！」
ももか「……ごめんなさい、私やっぱり付いていけません。でも悔いはありません。だからお願い、先輩」
時代劇風に読み上げ、なぜか最後、満面の笑みのももか。
岬「はいカット～!!……うーん……なんていうか、そのもっと自然体で。ありのままでいいんだ、ありのままで」
× × ×
ももか「だからお願い、先輩」
作った笑顔、ぎこちない。
岬「……カット」
× × ×
ももか「だからお願い、先輩」
作った笑顔、何か吐きそうなのを我慢しているような顔。
× × ×
ももか「だからお願い、先輩」
作った笑顔、もはや泣いている。
岬「……カット」
蓮「・……なんだこれは」
× × ×
岬「みんな、お待たせ。僕の映画のヒロインの最終選考に残った子を発表するね」
ザワつく女の子たち。
岬「君と、君と、君だ」
アイドルっぽい元気そうな子、髪の長いお姉さんタイプの子と、星愛姫の3人が選ばれた。
選ばれた3人、『ヤッター』など口々に喜びを噛みしめている。
星愛姫、ももかを見て、ドヤ顔。
涙をこらえるももか。
岬がそんなももかに声をかける。
岬「ごめんね、ももかちゃんは補欠だね」
ももか「……」
ももか、泣きながら部室を飛び出してしまう。
蓮、心配そうに見送る。
オーディション会場のそばをとおりかかった雪が、「もも……」と手を挙げ呼びとめようとするが素通り。

31 鬼瓦家 家の前（夕方）

たいがが家の前で、太鼓のバチと丸太で素振り練習をしている。

ももかが帰ってくる。

たいが「おかえ……」

ももか、髪の毛ボサボサ。

涙でメイクも崩れてしまっている。

たいがの前を素通りして家の中に入っていく。

たいが「……泣いた赤鬼」

32 同 ももかの部屋

ベッドに突っ伏し、枕にパンチするももか。

ももか、角が出ている。

枕に角をぶつけたりして。

ももか「ああもう！　どうせ私は鬼や！……ほんまは鬼天パーやし！　けどそんなんどうしようもないやんけ！　ないやんけ！」

ももか、泣いてしまう。

ももか「……うぇーん」

33 奥河内の森

木々がざわめく。

少し欠けた月が、夜の闇に消えていった。

34 奥河内高校 教室

授業が行われている。

ももかの席が空いている。

雪、気にするようにももかの席を見やって。

雪「……」

35 同 図書室

休み時間。

蓮、机に向かってノートに映画の脚本を書いている。

だが筆が止まり、ぱたん、とノートを閉じる。

表紙には〝「だからお願い、先輩」岬映画〟と書いてある。

蓮「そう言えば、あいつ……大丈大かな……」

36 鬼瓦家 外

チャイムを押す雪。

応答はない。

もう一度押しても応答がないので、帰ろうとする。

と、ドアの開く音。

大鉄が出てきた。

大鉄「……」

雪「……こんにちは。あの、ももかを……」

大鉄「ありがとうな……あいつ部屋から出てこおへんねん」

37 同 ももかの部屋の前・ももかの部屋（適宜カットバック）

雪「ももか……どうしたん。なんかあった？」
ももか「……」
雪、扉に背を向けて座る。ちょうど壁越しに雪とももかが背中をつけて座っているような状態。
雪「辛かったら、無理して言わんくてもいいけど」
ももか「……なあ、雪……雪はさ、皆に隠してることってある？」
雪「……うん？」
ももか「……私な、演技ができひんかってん。なんか、作りすぎちゃうんかなって。私、素の自分が嫌いやからな……作らんと……不安で不安で」
雪「……そっか」
ももか「……私な、実はな……実はな、雪……私……」
雪「みんな、隠してることの一つや二つ、あるやろ」
ももか「……え？」
雪「いちいち全部自分のこと話してたら、キリないって……私も、素の自分、好きじゃないし。みんなそんなもんやで。でもな、ももか」
ももか「……」
雪「私はももかのこと、好きやで」
ももか「……雪」
雪「外出ておいでよ」
そっと立ち上がり、扉から離れる雪。ももかの部屋の扉が開き、出てきたももか。
天パーが爆発している。
雪、ももかを抱きしめる。
ももか「……ありがとう、雪」
雪の胸に顔をうずめるももか。
ももか「うえええええん……ゆぎ、ありがどう～（鼻声で）」
ずるずる涙をすすりながら雪の胸に顔をうずめるももか。おもわずふきだす雪。

38 同 家の前

雪とたいがが一緒に出ていく。
ももか「ありがとう。弟の面倒までごめんね」
雪「たいがはうちのチームの重要な太鼓プレイヤーやから……あ、そうや。今度、願昭寺で護摩法要あるから、見においでよ」
ももか「ごま？　ほうよう？」
雪「そう、来たらわかるから」
たいが「お姉ちゃん、見に来てな」
ももか「……うん」
雪「じゃあ、ももか学校でね。なあ、たいが、この前言うたこと覚えてる？」
たいが「覚えてるで～ドンッドン！　やろ？」
ももか「（見送って）なんかみんな色々楽しそうなことやってるなあ」
大鉄も自転車に乗り、雪とたいが3人出かける。

39 同 りりかの部屋の前

りりかの部屋をノックするももか。返事がない。
ももか「りりかー」（大声で）
りりかの声「なにい？」

40 同 りりかの部屋

りりか、音楽を聴きながら踊り狂っている。
りりか、角が生えている。
ももか「……なにしてんの」
りりか「練習。学校でバンドやってんねん」
ももか「マジか」
りりか「バンド名悩んでて。鬼ロック、鬼ビート、どっちがええと思う？」
ももか「どっちも嫌や。なんで鬼なん」
りりか「鬼やもん」
ももか「……りりかはなんで鬼の事、そんな簡単に受け入れられてるん」
りりか「え？」
ももか「いや、なんか、理不尽やん。うちら鬼に生まれたくて、鬼になったわけやないのに」
りりか「なんで？　鬼ひっくるめての自分やん。それ好きになれへんと……自分のことも好きになれへんやん」
ももか「……そうなんかな」
りりか「あれちゃうん、お姉ちゃん鬼の事、勝手にイメージ膨らませて、勝手に嫌いになってるだけちゃう？……そんなん、ロックちゃうで」
ももか、はっとした表情で。

41 市立図書館（外観）

42 同 館内 書庫

館内に入ってくるももか。
人目を気にしている様子。
コソコソと書架（書庫）に移動し、本を探す。
『郷土　鬼の文化史』などの背表紙の本。
ももか、本を手に取ったら、その隙間から目がギョロっと覗いてきた。
ももか「わっ」
書架の向こうから覗いてきたのは、蓮だ。
蓮「何してるんだ？」
ももか「……なんでも」
ももか、慌てて本を後ろに隠し、蓮のもとに回り込む。
ももか「そっちこそ何してんの？」
蓮「……脚本」
蓮が指さしたのは、脚本が置かれているコーナー。
古い脚本全集など。
蓮「前話してた、幻の脚本。探してるけど見つからない」
ももか「……元からないんちゃう？　だって幻の脚本やろ？　幻やん」
蓮「みんなそう言うけど……お前もそう思うのか？」
ももか「……いや、わたしは……」
蓮、その場を去ろうとする。
ももか「……」
ももか、しばらく見送る。
が、慌てて走り出す。

43 商店街

歩いている蓮。
ももか、本を鞄に仕舞いながら追いかけてきて。
ももか「いや蓮、その、まだ諦めるの早いって」
蓮「……」
ももか「映画は人を元気にするって言ってたやん。映画撮りたいやつが元気なくてどうすんねん」

ももか、ぱん、と蓮の肩を叩く。

蓮「……」

ももか「なあ、蓮はどんな映画が撮りたいん。内容によっちゃあ私が出てあげてもいいけど?」

ももか、強気な風でチラチラと営業の眼差し。

蓮「おれの親父、映画監督なんだ」

ももか「え? そうなん?」

蓮「ああ。親父は昔から仕事一筋で、家族を顧みなかった……。おれは親父の映画を見ることだけが唯一、親父と触れ合える時間で……。今になってみればわかるのは……おれはあの人のことが嫌いで……でも大好きで……だからこそ超えたい……。親父よりももっと、見る人みんなを元気にするような映画が作りたい」

ももか「……蓮」

蓮「……でも、思いだけでは何ともならない……。なあ、俺に構ってたってどうしようもないぞ」

ももか「……そんな」

蓮「お前はもう一回、岬さんのところいってこいよ」

蓮、ももかを振り切って去っていく。

ももか「……」

44 映画部部室

岬「さて、今日は映画の勉強をしよう。反町くん、どうぞ」

反町「はい、まずはゴダールからだね。本名、ジャン＝リュック・ゴダール。フランス生まれの映画監督。ヌーヴェルヴァーグの旗手として、常に観客の想像力を刺激し——」

女の子A「私の方が先に岬先輩と付き合ってたし!」

女の子B「いいや、私の方が先に目が合ったし!」

女の子C「私、個人レッスンしてもらった!」

女の子D「私、来週デート行くもん!」

睨み合う女の子四人。

岬「参ったなあ。僕のために喧嘩をしないでよ」

女の子、一斉に岬を睨み、

女の子A～D「先輩はだまってて!!!」

頭をかかえてためいきをつく星愛姫。

星愛姫「……ダメだこりゃ。蓮くんも来ないし」

言ってから立ちあがり、

星愛姫「あの、私、もともと女優目指してるわけじゃないんで」

岬「え?」

星愛姫「辞めます」

出ていく星愛姫。

45 願昭寺(昼)

大勢の観客が集まっている。やってきたももかとりかと大鉄。

と、境内の辺りで、奏者たちが本番に向けて待機している。

雪とたいがが奏者たちの中にいる。

ももか「あ……雪……とたいがもいる」

46 同 境内 演奏パート

ほら貝の音色と共に、演奏が始まった。

山伏の他、太鼓、はら貝、ドラムの奏者が並ぶ。

たくましい太鼓の演奏。

× × ×

ももか「ふわあ……」

驚き、やがて眼を輝かせるももか。

× × ×

たいがのソロパート普段の幼いたいがとはまったく違う表情で演奏している。

ももか、圧倒されてしまい。

× × ×

フィナーレ。

全員の激しいビートで演奏は終わった。

「生命〈いのち〉とは、生きたい自分として生きること!」

太鼓奏者が叫び、拍手が渦巻く。ももかも、激しい拍手で応える。

47 鬼瓦家(外観)夜

48 同 居間

太鼓の演奏の様子をホームビデオに撮っていた大鉄。

ホームビデオを再生し、笑顔で見直している大鉄。

と、ふと気配を感じて仏間の方を振り返る。

大鉄「……母さん?」

49 同 ももかの部屋

借りてきた鬼の本を読むももか。

ももか「神ガ丘は、かって鬼住村と呼ばれていました……。鬼と神とは同義語であり……ふーん。ピンとこおへんなあ」

ページをめくるももか。

一枚の古びた紙《メモ》が本からはみ出てくる。

ももか「うん?……(紙を見て)うん!?」

50 同 仏間

大鉄が仏壇に手を合わせている。

ももか、勢いよくやってくる。

大鉄「……どうした?」

ももか、本から出てきた紙を大鉄に渡す。

受け取った大鉄、驚いた顔で。

大鉄「……これ、どこで」

ももか「図書館で借りてきた鬼の本に挟まってた。これ、どういうことなん。役作りメモ、山野ひとみって名前書いてるんやけど、これお母さんの旧姓やんな?」

役作りメモと書かれた紙には、演出プランやカメラマンとも話し合ったとも思われるメモ書きがびっちり。

大鉄、遺影のひとみの方を見やって。

大鉄「……ひとみ……この話をももかにする時が来たぞ……」

ももか「……なに?」

と、大鉄立ち上がり、部屋を出て行ってしまう。

ももか「……」

51 同 施術場

ももか、大鉄を追いかけると、大鉄は壁に掛けられた鬼の絵巻物の前に立っている。

ももか「……なあ、なんなんよお」

と、大鉄、絵巻物を壁から外し、裏を向ける。

ももか「え?」

裏には、びっしりと文字(台詞)が書かれていた。

絵巻物の正体は脚本だったのだ。

ももか「……『桃連鎖！』」
大　鉄「……」
ももか「これってもしかして……脚本!?」
頷く大鉄。
大　鉄「俺と母さんは高校の頃、一緒に映画を作ってたんや」
ももか「ええ～～～～～!!」

52　道（回想）

山野ひとみ（16）、発声練習をしながら自転車を漕いでいる。
ひとみ「アメリカ人、ゴスペルダンベルジングルベル……アメリカ人、ゴスペルダンベルジングルベル」
と、坂の下、一人のアメリカ人がゴスペルを口ずさみながら、ダンベルとクリスマスケーキをもって飛び出してくる。
ひとみ「ぎゃー」
ひとみ、転んでしまう。
ひとみ「痛い……」

53　奥河内高校　映画部部室（回想）

鬼瓦大鉄（16）、8ミリカメラを大事そうにセッティングしている。
ひとみがやってきた。
大　鉄「あ、ひとみちゃん。ほら見て……、バイト代で、カメラ、買ってん」
ひとみ「へえ！　凄い！」
大　鉄「今度撮る映画で使えるかなって」
ひとみ「素敵。私も、自信を持って演じるね」
大　鉄「……おう」
大鉄、思わず頭をおさえる。
角が出てきたのだ。
ひとみ「……どうしたの？」
大　鉄「な、なんでもないで」
と、扉の開く音。
そこに入ってきたのは、蒼月忍（16）だ。
ひとみ「蒼月くん！」
忍「……出来たよ。脚本」
忍、脚本をかざす。脚本のタイトルは『桃連鎖！』と書いてある。

54　鬼瓦家　施術場

ももか「え、蒼月ってもしかして……」
大　鉄「今、世界で活躍する映画監督をやってるわ」
ももか「うそ！　蓮のお父さん!?」
大　鉄「あいつは昔から天才気質でな、母さんはもともと、俺やなくて、忍のことが好きやったんや」

55　町の蕎麦屋（回想）

そば団子を並んで食べる、忍とひとみ。

その後ろのテーブルに大鉄。

忍「元気をなくした時、映画を見ると勇気をもらえる。映画ってのは、人を元気にするんだ」

ひとみ、目を輝かせながら話を聞いている。

大　鉄「……」

56　鬼瓦家　施術場

大鉄とももか、手をついて号泣している。
ももか「辛っ……片思い辛っ」
大　鉄「……うう……今思い出しても胸のあたりがぎゅううううなる」
ももか「辛い……でもそれがなんで逆転したん」
大　鉄「……俺が考えたストーリーを、忍が気に入ってな。鬼がでてくる話なんやけど……。忍はこれを普通の映画にしたくないって……」
ももか「どういうこと？」
大　鉄「あいつが挑戦したかったのは、連鎖劇と呼ばれるもんやった。この脚本には、演劇やら生演奏やら、映像以外の手法がたくさん盛り込まれとる。実現したらそりゃ派手でかっこいいもんになると思うけど、高校生にそれは無理や……映画製作は挫折して、これは、実現しない幻の脚本になったんや」
ももか「……幻の脚本」
大　鉄「忍のやつは、それで責任を感じたんか、おれらとは疎遠になってしまってな。ひとみも落ち込んで……。俺はなぐさめることもできないから……鬼ドンや」
ももか「……鬼ドン？」

57　鬼住橋（回想）

一人で歩くひとみ。

と、鬼住橋の奥からやってきた大鉄。

見つめ合う2人。

大鉄、ひとみに近寄り……電柱に壁ドン、ならぬ鬼ドン。

大　鉄「……好きです」

ひとみ「……」

頷き返すひとみ。

大鉄の声「鬼ドンで告白が成功してな。母さんが病気になって死ぬまで、ずっとわしらは仲良しやったんやで」

58　鬼住橋

橋の奥からやってきたももか。
橋の向こうに現れた蓮。
蓮「どうした？　急用って」
ももか「……見つけたで。幻の脚本」
蓮「……（驚き）」

59　奥河内高校　図書室

ももかの元に走ってきた蓮が、印刷した脚本を手渡す。
蓮「脚本、打ち込んできた」
ももか「……どうやった？」
蓮「面白かった。こんな脚本、初めて読んだ。……やりたい。この脚本を、形にしてみたい」
ももか「うん！」
蓮「……だけど、幻だけあって、難しいな。親父だって挫折してる脚本を……俺にできるのか……」
ももか「そんなん、やってみないとわかんないって！」
蓮「……」
ももか「私、お母さんがやるはずやった役、演じてみたい……父さんが形にしたかった思い、形にしてみたい。蓮やってそうやない？……お父さん超えようや。それ出来たら、最高のデビュー作やんけ！」
蓮「……」
蓮、コクリと頷いた。
蓮「……ああ」
ももか「来年の映画祭、一緒にレッドカーペット歩こうや！……やったる……やったるで、私の青春！」
蓮の方を見て、
ももか「うん……私たちの青春や」
蓮、そのももかにほだされたようで。

蓮「俺たちの……そうだな……ももか、俺に付いてきてくれるか？」
蓮の瞳に情熱が宿った。
ももか、目をキラキラと輝かせる。
ももか「うん！　ついてくで！」
蓮「……よし」

60 同　廊下

嬉しそうに走る、ももかと蓮。

爆走するももかを追いかける蓮。

蓮「……速すぎて……俺が付いていってるし」

61 同　教室

ももかが雪に脚本を見せながら頼んでいる。
ももか「どうかな、雪」
雪「ももか……協力しない訳ないやん！」
ももか「……ほんまに⁉」
雪「太鼓の演奏なら私たちに任せて」
ももか「……ありがとう！」
手をぎゅーっとにぎりあって、ぶんぶん上下にふる。それを嬉しそうに見ている蓮。
ももか「……よーし、来年の春はみんなで一緒に、レッドカーペット歩くで！」
雪「……良かった」
ももか「え？」
雪「ももか、良い顔してる」
ももか「……えへへ」
雪「今度一緒に、演劇部の部室行ってみようよ。あと、他の楽器も」
ももか「うん！」
と、ももか、視線に気が付く。
星愛姫が離れた場所でコチラを見ていた。
星愛姫、ももかと目が合うと、舌打ちをして去っていった。
ももか「……？」

62 同　図書室

学校のパソコンに向かい、映画祭への応募用紙を記入していく蓮。

蓮「……」

と、上映会場の希望を書く欄に、『醤油倉』『ラブリーホール』の2つがある。

迷う蓮。

蓮NA「高校生の作品は『醤油倉』でしか上映されたことがない。でもこの作品はホールでしかできない……」

63 奥河内　街中

走るももか。

ももか「（息が上がって）」

と、イベント会場が見えてくる。

64 金剛寺のイベントステージ

イベントステージでライブをしようとしているりりか。
準備に余念がない様子。
ももか「……という相談なんやけど、音楽やってくれへんかな」
と、制服姿の男子たちがコールを始めた。
男子たち「鬼ロック！　鬼ロック！　鬼ロック！」
りりか「ごめん、もう始まるわ」
ももか「……うん」
と、りりか振り返って。
りりか「ね、それ面白い？　青春する価値ある？」
ももか「え？……うん。めっちゃ面白いよ」
りりか「姉ちゃんが言うなら間違いないわ。もちろんやるで！」
りりか、そう言い残してステージに向かった。
ももか「ロックな妹かっけえ……」
中学生男子たちが、バンドの前にズラッと並んでいる。
りりか「お前らノッテんのか～！」
男子たち「いえーい」
りりか「声がちいせえ！」
男子たち「いえーい」
男子たち、絶叫する。
りりか「それじゃあいくで～。『TRAIN TRAIN』！」
ボーカルのりりか率いるバンド、演奏を始める。
男子たち、ノリノリで聴いて。
ももか、その気迫に圧倒される。
りりか、途中で角が出てしまっている。

65 奥河内高校　演劇部部室

部室の扉は開け放たれており、中で雉本が演出を付けている。
熱血演劇演出家！　という感じで、20人ほどの部員を相手に稽古をつけている。
雉本「違う！　感情がこもってない！」
投げた灰皿が飛んでくるが、ももか、驚異の瞬発力を発揮して、ガシッとキャッチする。
雉本と目が合う。
ももか「……ちわっす」
×　×　×
脚本を見せ、参加を頼んでいる蓮とももかと雪。
雉本「面白そうな話だけど……映像や演技指導はちゃんとできるの？」
蓮「必ずやり遂げます。僕を信じてください！」
蓮、頭を下げる。
雉本「……うーん、蒼月はともかく、ももかは成績も落ちてるけど」
ももか「それは……今から鬼勉して……、信じてください！」
ももかも頭を下げる。
雪「あの、これ、うちの店で作ったお団子です」
と、雪、鞄から団子を取り出して、雉本に渡す。
雉本「……団子で釣ろうってあんた、犬やサルじゃないんだから」
雉本、団子を食べる。
雉本「わかった、お供する」
ももか雪「え？」
雉本「え？（自分で驚きながら）ん？　あれ？　なんだこの団子」
蓮「ありがとうございます！　雉本先生！」
ももかと雪、ガッツポーズ。

66 同　映画部部室

ガランとした部室の中で、レンズを掃除している反町。
ももかと雪と蓮、団子を渡す。
反町「いいよ。僕も協力する。この最近出たレンズが凄くて、被写界深度の浅い絵を撮ったときに通常なら出るであろうゆがみや――」
ももか「あの……」

反町「？」

ももか「岬先輩は？……俳優として、岬先輩に、出て欲しいなって」

反町「……やめたよ、あの人、映画部」

ももか「……え？」

反町、窓の外を指さす。

覗き込むももか。

67 同 テニスコート

テニスをしている岬。

コートの外では、女の子たちが岬のプレイにキャーキャー叫んでいる。

ポイントを決めた岬、女の子たちにウィンクをする。

× × ×

部活後、岬に駆け寄るももか。

岬「どうしたの？ ももかちゃん」

ももか「先輩の力が必要なんです。先輩のその……何だかわからない、誰をも魅了してしまうその力が、作品に必要なんです」

岬、首を横に振った。

岬「……ごめんね。映画はもうやめたんだ。僕、テニスにすごくハマっちゃったみたいで」

岬、また女の子たちに囲まれ、去っていく。

ももか、どうすることも出来ずに見送って。

68 観心寺 境内（季節は夏、蝉の鳴き声）

深く息を吸い、発声練習をするももか。

ももか「あ～え～い～う～え～お～」

ももかのいる場所に、木漏れ日が集まっている。

住職の楠木滝覚、嬉しそうに目を細めて見ている。

69 奥河内高校 映画部部室

部室にやってきたももか。

と、部屋の隅で何かを書いている蓮を見つける。

蓮の真剣な横顔。便箋と向き合っている。

ももか「……何書いてんの」

蓮「わっ」

思わず机上のものを隠した。

ももか「……手紙？」

蓮「なんでもないって」

ももか「……」

急な沈黙に焦って。

ももか「あ、そういえば、太鼓のみんな積極的に動いてくれてて。気が付いたら一大プロジェクトやな」

蓮「ああ、ありがたいよ……ネット動画でも、この映画プロジェクトのことネタになってた」

ももか「へえ……なんか、みんな楽しそうやわ」

蓮「映画は、見るだけじゃなくて、関わるみんなも元気にするんだな」

ももか「……うん。ほんまやね」

蓮「ももか、ありがとな」

ももか「……うん」

照れた様子のももか。

笑い合う二人、なんだかイイ感じ。

70 ネット動画（TIKTOK）

軽快な音楽に載せて、有名TIKTOKERが、撮影準備中のメンバーと動画をアップ。

手持ちのカメラでカメラを組み立てる反町や、殺陣の練習をする演劇部員たち、脚本にコンテを切っていく蓮の様子などを描写していく。

71 観心寺（日替わり）

蓮「ヨーイ、アクション！」

と、カメラの前に立った反町。

おどおどした様子で、

反町「ど、どど、どどど、どうしたんだい？」

蓮「はいカット……」

うーん、と首をひねる蓮。

反町「僕には無理だよお！」

レフ板を持っていた雪、

雪「まあそりゃそうだよねえ」

撮影は中断される。

映画部A「……この後バイトやから先に帰るわ。ごめん」

映画部B「俺も」

何人かの映画部・演劇部生徒が帰り出す。

それを複雑な表情で見送るももか。

ふと、蓮のほうを見ると、スマホを見つめているが、様子がおかしい。

ももか「どうしたん、蓮？ 顔色悪いで」

蓮「……いや、大丈夫……今日はもう解散にしよう」

一同「え？」

蓮「じゃあ」

ももか「……蓮？」

鞄を持って帰っていく蓮。

ももか心配そうな表情で。

72 曇天（日替わり）

曇天から、雨がポツポツと降ってきた。

やがて大雨になる。

73 奥河内高校 映画部部室

蓮以外のみんなが集まっている。

ももか「蓮は……？」

反町「今日も……来てない……撮影中止の連絡だけあった」

ももか「……私、探してくる」

部屋を飛び出すももか。

雪「あ！ ももか……」

74 道

雨の中、傘もささずに蓮を探すももか。

市内を探すももか点描。

多聞丸像の前で一礼するももか。

75 観心寺 境内

自問自答している蓮。

部屋で書いていた手紙を広げて見ている。

蓮の声「親父へ 次はいつ日本に帰ってきますか。実は俺も映画を撮ろうと思っています。前に親父が言っていた幻の脚本を、同級生の鬼瓦ももかが見つけてくれて、今実現化に向けて仲間と頑張っています。良かったら映画祭、見に来てください」

うなだれる蓮。

手紙をびりびりに破ろうとしたその時……。

ももかがやってくる。

ももか「いた……」

蓮「……」

ももか「こんなとこで何してんの……どうした

ん?」

蓮「……」

ももか「蓮、うちら仲間やろ?……何かあったん? せやったら一人で抱えんといてや……寂しいやん」

蓮「……ごめん」

ももか「……」

蓮「……実は……映画祭に……落選したんだ。俺らが頑張っても、もう、映画をかける場所がない」

ももか「え⁉」

蓮「連鎖劇は、実現の可能性が低いっていう判断らしい……」

ももか「……」

蓮「……ごめん。ここまでなんだ」

ももか「そんな……」

蓮「……ももかのおかげで、俺は自分の夢にちゃんと向き合えた……、だけど今回は解散するしかない……俺からみんなにはちゃんと話す——」

ももか「(遮って)嫌や! 解散なんかしたくない!」

蓮「……ももか」

ももか「私、蓮と、蓮やみんなと一緒に青春したい……」

蓮「……」

と、後ろから声が聞こえた。

声「風邪ひきますよ」

住職の楠木滝覚が顔を出す。

楠木「話が聞こえてしまいまして」

ニコッと笑う楠木。

楠木「こちら、わたしについてきてください」

背を向けて歩き出す楠木。ももかと蓮、顔を見合わせ、付いていく。

× × ×

木々に隠されて今まで気づかなかった、豪華絢爛な恩賜講堂前。

楠木「あなたがたにとって、そこに信念があるなら、ここであなた方の映画祭をやり遂げてください」

蓮「え⁉ ここで……?」

楠木「はい。あなた方の信じるものを観てみたい。わたしは場所を貸すだけですが、あとはあなたたち次第」

蓮「……(ももかと顔を見合わせて)ありがとうございます‼ やります! やってみせます」

ももか「ありがとうございます‼ やった! やった! やったああ!」

喜び合うももかと蓮。

思わず抱き合う。

ももか「!」

慌てて離れる2人。

ももか「あ、わ、わ、わたし、みんなにすぐに伝えに行ってくるね!」

蓮「あ、うん……」

頭をおさえて走っていくももか。

と、楠木、笑って、

楠木「あの女優さん、ここで毎朝発声練習してらっしゃる。それがなんや、キラキラしててな」

蓮「……」

76 撮影現場(イタリアのブドウ畑)

撮影隊を遠巻きに見ながら、忍、ディレクターズチェアに座り、封筒から郵便を取り出す。

蓮が書いていた便箋だ。

忍「……」

目を通し、空を見上げる。

77 錦渓幼稚園

錦渓太鼓の練習をしているたいがを含めた園児数名。

指導している雪。

構成を確認しながら練習をチェックしている蓮とももか。

カメラワークをイメージしている反町。

78 奥河内高校 映画部部室

蝉の声が響いている。

準備に余念のない一同。反町はレンズを磨いたり、蓮は絵コンテを書いていったり。

黒板(ホワイトボード)に、クランクインまであと25日! の文字など。

机の上には雪持参のそば団子が差し入れされている。

ももか、役名など貼っていく。

主演とメイクが空欄になっている。

雪「あとは主演とメイクか……特殊メイクもしなきゃなんだよね。ももかはメイクできる?」

ももか「んー、天パーを直すのは得意やけど……誰かメイク得意な子、いないかな」

雪「うーん」

ももか「あ!……」

雪「どうしたん?」

ももか「ちょっと、行ってくる、仲間探しに」

団子をまとめて出て行く。

79 関西サイクルスポーツセンター

可愛さ全開でインスタアップしている星愛姫。ももか、星愛姫の前に顔を出し。

ももか「……星愛姫、団子食べへん?」

80 同 おもしろ自転車エリアなど

ももか「星愛姫ってさ、メイク上手よね!」

星愛姫「は?」

ももか「いや……すごいぱっちりした目」

星愛姫「それは、もとがかわいいのよ」

ももか「でも……メイクも上手いやん。インスタとかいつもすごく可愛くて」

星愛姫「……(得意げ)」

と、星愛姫、スマホを取り出し、写真をももかに見せる。

色んな種類のメイクに挑戦している写真たち。

ナチュラル、派手め、アニメっぽいの、中には特殊メイクっぽいのも、

ももか「……すごい」

星愛姫「一応、これでも勉強してるし。将来はファッション系の道もありかなーって思ってるし」

ももか「星愛姫、お願い! 私たちの映画のメイクやってくれない?」

星愛姫「え?(顔が少し輝いた)……いやでも」

ももか「(遮って)星愛姫のメイク術を、発揮してほしい。お願いします!」

星愛姫「……(にんまりと笑って)」

団子を頬張る。

81 奥河内高校 映画部部室

星愛姫「私、特殊メイクもちょっと出来るよ」

一 同「おお~!」

蓮「頼りにしてる。星愛姫、よろしくな!」

星愛姫「うん、任せて!」

星愛姫、蓮を見てデレデレしている。

ももか「これでメイクもそろったね」

雪「ははーん（星愛姫を見て）……わかった」

ももか「うん？」

雪「なんで星愛姫が映画作りに参加したのか」

ももか「え？」

ももか、星愛姫と蓮を見て。

ももか「ええ!?」

反町「……あとは主演俳優か。蓮くんはできないの？」

蓮「当日も指示出ししたりしなきゃならないから、難しいです」

反町「主演俳優に求められる条件……演技の才能があって、スター性があって……イケメンで……まあすなわち僕ではない」

蓮「そう考えると……やっぱりあの人なんだけど、俺から言っても、多分……」

星愛姫「わたしが頼んできてあげようか？ 蓮くん」

蓮「え？」

星愛姫「岬先輩でしょ？ あの人なら、女子が頼んだほうがいいでしょ」

蓮「……ああ、そうかもしれない」

星愛姫「わかったよ！ 任せて！（笑顔で）ももか、一緒に行こ！」

ももか「あたしも!?」

驚くももか。

82 河原

歩くももかと星愛姫の目の前に、岬を見守る女子の親衛隊の人だかりができている。星愛姫がそこに何かを訊きにいって、戻ってくる。

星愛姫「岬先輩、一人にしてくれ、って、この子たち待たせてるんだって。だからももかだけで行ってきなよ」

ももか「あたしだけで？」

星愛姫「うん。だって可愛い私が行ったら、この子たちが黙ってないでしょ。ももかなら大丈夫だから」

ももか「ええ？」

星愛姫「ほら、行ってきなよ。わたし気を利かせてるんだよ。ももかって、岬先輩のこと、好きなんでしょ？」

ももか「え、いや……」

河川敷の前、星愛姫がほら、と言ってももかの背を押す。

× × ×

河川敷に座り、水面をボーっと眺めている岬。

そこにやってきたのは、ももかだ。

岬「……ももかちゃん」

ももか「岬先輩……今日はテニスは？」

岬「ああ……、テニスはもうやめたよ」

ももか「えっ？ どうして？」

岬「僕はスポーツも勉強も得意だからさ。何でもできちゃうし、飽きちゃうんだよね。だから今度はバスケでもやろうかなって」

岬は力なく笑い、ため息をつく。

岬「でも、なんか物足りないんだよねー」

つまらなそうに石をなげる岬。ももか、意を決したように気合いを入れて話し出す。

ももか「……先輩は〝表現〟が好きなんじゃないですか？」

岬「表現？」

ももか「先輩がわたしを誘ってくれたとき……、映画の話をしてる先輩はキラキラしてて、ため息なんかつかなかった。先輩は本当は、表現がものすごく好きなんじゃないですか？」

岬「そうか……。考えたこともなかったけど……、僕は表現が好きなのか……」

ももか「そうですよ！ だから、わたしたちと一緒に、もう一回、映画を作ってくれませんか？」

岬の目に少しだけ光が戻るが……。

岬「だけど、ももかちゃん、僕がいると、女の子がみんな険悪になるんだよ。どんどん鬼みたいに怖くなっていく」

ももか「私は鬼みたいに、ならないです！（小声で）まあ元から鬼やからな」

岬「だけど僕は……映画はもう……」

ももか「岬先輩は自分の映画を作るのに、あんなに一生懸命走り回っていたじゃないですか。先輩はみんなと一緒に映画を作ることが好きなんですよ。一緒にやりましょう。私、最高のヒロインになりたいんです、それに、最高の映画が撮りたいんです。ねえ！ みんな来て！」

ももかが親衛隊に呼びかけると、女子たちが近づいてくる。

ももか「ねえ、みんなも、キラキラした岬先輩の演技が見たいよね!?」

きゃー、見たい見たい！ などと親衛隊が騒ぐ。

ももか、がしっと岬の肩をつかみ、渾身の一言。

「だからお願い！ 先輩！」

全員がしーん、となり、岬の答えを待つ。

岬「……わかったよ、ももかちゃん」

顔をあげ微笑む岬の表情は輝いていた。

親衛隊がきゃーきゃーと騒ぎ、写真を撮る。

遠くで星愛姫もガッツポーズ。

ももか「はいこれ、一応、団子です」

ももか、団子を差し出す。

83 奥河内高校　映画部部室

ももかや岬、反町や雪など一同、集まっている。

スタッフも増えている。

蓮「いよいよ来週から、映画の撮影に入ろうと思う。色々あったけど、まずはこうしてみんなが揃ってくれたことが、すごく嬉しい。みんな、よろしく！ 絶対、良い映画にしよう！」

蓮の熱い演説に、一同心を一つにする。

一同「はい！」

だが、ももか一人だけ、少し浮かない様子で。

× × ×

カメラや録音の準備などに励んでいるスタッフたち。

部室の隅で、ももか、脚本を読んでいる。

岬が近づいてくる。

岬「ももかちゃん……大丈夫？ いきなり山場のシーンの撮影だけど」

ももか「もちろんです。任せてください」

岬「頼もしいね。一応、読み合わせしておこうか」

ももか「はい！」

読み合わせを始める二人。

岬「じゃあ、15ページから」

ももか「はい……私は……私は真の姿を偽っているのです……」

84 鬼瓦家　ももかの部屋

脚本を読み込むももか。

ブツブツとセリフを言う。

ももか「私は……私は、真の姿を偽っているのです。私の……私の本当の正体は……鬼なんです」

ももか、天を仰いで

ももか「こんなセリフ……スッとよう言わんよ」

頭をかきむしるももか。

ベッドに横になる。

と、回想。

× × ×

蕎麦屋で熱く語っていた蓮。

× × ×

商店街で落ち込んでいた蓮。

× × ×

部室で何かを書いていた蓮。

× × ×

観心寺で喜んでいた蓮。

× × ×

ももか「私どうしたんやろ……」

85 同 居間（日替わり）

ももかと大鉄、台所で一緒におにぎらずを握っている。

ももか「なあ……告白した時、お母さんどんな感じやったん？」

大鉄「告白？ そりゃあもう、頬を赤らめて、ハイって」

ももか「いや、そっちの告白やなくって」

大鉄「え？」

ももか「その……自分が鬼やって告白した時」

大鉄「ああ……笑ってたわ。もともと気付いてたみたいやしな」

ももか「……怖くなかったん？ それ言うん」

大鉄「怖くないわけないやろ。そら悩んだわ……うん？ もしかして、ももか」

ももか「え？」

大鉄「恋か、お前、恋なんか！」

ももか「ちょっと、そういうのとちゃうって」

大鉄「ええか、恋は一人でするもんちゃう。相手とするもんや。ちゃんと相手のこともわからんとあかんし、自分のこともわかってもらわんとあかん。だから怖くても、勇気をださんとあかんときはある」

ももか「……」

大鉄「結果、お母さんは俺のこと、好きになってくれたんや……鬼やのに。ハハ……なんかが伝わったんかな。なんやったんやろうなあ」

懐かしそうな表情の大鉄。

ももか「……」

86 町の蕎麦屋 外観（夜）

87 同 店内

そばを食べながらボンヤリしている大鉄。

扉が開く音がして、誰かが隣に座る。

と、その誰か、大鉄の肩を叩く。

蒼月忍だ。

忍「……久しぶり。何年ぶりや、大鉄」

大鉄「……忍⁉」

忍「時間あるんか。今日は飲もうや」

大鉄「……ああ」

88 鬼瓦家 ももかの部屋

脚本を読み込むももか。

ブツブツとセリフを言うももか。

ももか「私は……私は、真の姿を偽っているのです。私の……私の本当の正体は……鬼なんです」

と、扉がノックされる。

ももか「うん？」

89 同 廊下

たいがが立っている。

ももか「どうしたん」

たいが「寝れへんねん。いつもお父さんが本読んでくれるけど、今日おらんから……」

ももか「わかった。お姉ちゃんが読んだろ」

ももか、たいがの頭を撫でる。

90 一徹 店内

しんみりと天野酒を交わす二人。そばに焼き鳥が置いてある。

忍「俺の息子が、お前のとこの娘と映画撮ろうとしてるらしいな」

大鉄「……なんの因果か。歴史は繰り返すってことかな」

忍「……ひとみちゃん、あっちに逝ってから、もうすぐ5年か」

大鉄「ああ……」

91 鬼瓦家 ももかの部屋

ベッドで寝ているたいが。

その横で、脚本を読み聞かせしているももか。

ももか「これは桃太郎が鬼退治に行った、その何年も前のお話です」

たいが「なあ、どうして鬼は退治されるん？」

ももか「それは……それはな……」

ももか、何かを思い出したような様子で。

ももか「……あれ？」

たいが「どうしたん？」

ももか「……」

92 同 ひとみの部屋（回想）

ベッドに横になっているももか（6）。

ひとみが、読み聞かせをしてくれている。

ももか「なあ、どうして鬼は退治されるん？」

ひとみ、ニッコリ笑って、

ひとみ「それはな、鬼が人と違うからや。人間ってのは弱い生き物でな、みんな同じでありたがるんや。だから、人間と違う鬼は、のけものにしたがるんやな」

ももか「ええ、嫌や」

ひとみ「大丈夫や。お母さんは人間やけど、鬼のお父さんのこと 好きになったもん」

ももか「なんで？」

ひとみ「なんでやと思う？」

ももか「……わからん。優しいから？」

ひとみ「それもある」

ももか「怖いから？」

ひとみ「それもある……けど一番はまあ、カッコ良かったからかなあ……告白された時の鬼ドン……あれは惚れたなあ……お父さんはな、雑で適当なところ多いけど、私たちの事、ちゃんとまっすぐ守ってくれる。お母さんはきっと、お父さんが鬼やから、好きになったんやと思うわ」

ももか、笑顔になる。

ももか「……嬉しい」

ひとみ、ももかの頭を撫でる。

小さな角が生えている。

ひとみ「自分に自信持ってな。明るい、元気な子に育ってや」

93　同　ももかの部屋

ももか、涙をこらえている。

たいが「お姉ちゃん、泣いてるん？」

ももか「……ううん。泣いてへんよ」

と、たいが、ももかの頭をなでる。

たいが「よしよし」

ももか、こらえていた涙をあふれさせてしまう。

たいがをギュッと抱きしめる。

たいが、嬉しそうにももかに抱きしめられて。

94　一徹　店内

二人、酔っている。

忍「俺はもうダメかもしれん」

大鉄「なんや、お前みたいな、花形の人生歩いとるやつが」

忍「いや……映画監督って言ってもな、予算と時間とか、スポンサーとか、そういうのに振り回されて……」

大鉄「お前、あれやな。息子の映画見たら、思いだすんちゃうか？」

忍「なにを？」

大鉄「俺らにもたしかにあったやろ……青春の日々」

忍「……ああ」

95　昇る太陽

朝日が河内長野を朝に塗り替えていく。

96　奥河内　山のふもと

スタッフキャスト一同集まっている。

蓮「この先は道も厳しいけど。みんな、気をつけて、付いてきて！」

一同『はい』など口々に。

山に入っていく撮影隊。

97　奥河内　山奥

撮影隊が機材を重そうに運んでいる。

星愛姫も重そうなケースを抱えている、が、ふらついてしまう。

と、咄嗟にすっ飛んできたももか。

星愛姫の身体を抱き留める。

ももか「私持つから」

ももか、星愛姫が持っていた機材を手に取る。

星愛姫「あ、……りがと」

星愛姫、小さな声でももかにお礼。

方々で、よろめきかけているスタッフたち。

ももか、スタッフたちから機材のケースを奪い、一人で幾つもの機材を抱えてズンズン歩く。

全員、あっけにとられながら見送る。

スタッフ「すごい……鬼のような怪力……」

ふっ、嬉しそうに笑う蓮。

98　奥河内　山奥の開けた場所

エキストラの生徒たちに、特殊メイクを施す星愛姫。

どんどんメイクが出来ていく。

×　×　×

蓮とももか、脚本を読み込みながら、演技プランの打合せをしていく。

蓮「ここは、ずっとずっと抑えてた感情が爆発するようにしたいんだ」

ももか「……うん」

反町「カメラ準備OKです」

蓮「……じゃあ、やってみよっか」

ももか「……はい」

ももか、緊張した様子だ。

メイクを終えた岬がやってくる。

岬「リラックス」

ももか「……はい」

蓮「はい、じゃあいきま～す。よーい、アクション！」

カメラが回った。

岬とももか、向かい合って。

岬「……どうした？」

ももか「私は……私は、真の姿を偽っているのです。私の……私の本当の正体は……鬼なんです」

岬を見つめるももか。

沈黙。

蓮「……カット……OK」

自然と拍手が沸き起こる。

ももか、本当に？　という表情で。

岬「とっても良かったよ」

ももか「……ありがとうございます」

ももか、蓮の方を見る。

蓮、ふっと、ももかから目をそらした。

ももか「……」

蓮「よし、じゃあ次のカット行こうか」

次のカットに向けて準備を始める現場。

ももか「……」

99　撮影風景など（点描）

千早赤阪村の棚田（稲穂びの季節）。

滝畑・荒滝。

金剛寺など。

蓮たちによる演技指導。

蓮たちによる音楽の指導。

100　奥河内高校　視聴覚教室

編集している反町。

その隣で観ている蓮

ももかの告白のシーンを繋いでいる。

蓮「……う～ん」

反町「ここ、良かったよねえ」

蓮「……そうなんですけど……なんかもっと上手く見せられる気がして」

反町「そうかなあ。なかなか良く撮れてると思うけども」

蓮「なんだか……響いてこないんです……僕には」

画面の中で、岬とももかが向かい合っている。

頭に手をやり、考え込む蓮。

101　同　チャペル（日替わり・外観）

『試写中』のカードが掲示されている。

102　同　中

試写が行われている。

スタッフキャスト一同、スクリーンを見つめている。

例の、ももかの告白のシーンだ。

×　×　×

映像の中で、岬とももかが見つめ合っている。

岬「……どうした？」

ももか「私は……私は、真の姿を偽っているのです。私の……私の本当の正体は……鬼なんです」

×　　×　　×

ももか、不安そうに映像を見つめている。

103　映像　奥河内全景

映像、美しい奥河内の風景のショットをラストカットに、黒味へとフェードアウトしていく。

104　桜舞う観心寺（6か月後）

映像、フェードインすると、桜が舞っている。

105　同　舞台上

本番前日。リハーサルが行われている。実際に映像が流されたり、太鼓の音量などをチェックしていく。

106　同　テクニカルブース

マイクで指示を出す蓮。

蓮「舞台のセンターをちゃんと意識して。あと、はけていく時に見切れないように気をつけて！」

107　同　舞台上

蓮「リハーサルはこれで終了します。皆、明日は絶対、成功させよう！」

一同「はい！」

蓮「夢は、青春は連鎖する、せーのっ！」

一同「桃連鎖！」

皆で掛け声をあげる。

108　同　境内外（日替わり）

境内には、レッドカーペットが敷かれている。

境内の外にいたお客さんが、入場していく。

その中に、無表情の蒼月忍と、緊張した様子でタキシードに身をまとった大鉄の姿や、雄本の姿もある。

109　同　客席

開園10分前のチャイムと同時に、司会者が袖に出てくる。

満席のお客さんが拍手で迎える。

司会者「さあ間もなく、奥河内ふるさと映画祭が始まります。会場は特別開催のここ、観心寺　恩賜講堂のほか」

110　ラブリーホール

別の司会者の声「ラブリーホールと醤油蔵で開催されています。まさしく町全体が映画祭です（など）」

お客さんがたくさん集まっている。

スクリーンには、観心寺の様子が中継で映されている。

111　観心寺　テクニカルブース

舞台を見下ろせるブースだ。

反町が床に白目で寝ている。

蓮、ソワソワと落ち着かない様子でブースの中をウロウロしている。

ももか、蓮の浮かない様子が気になり。

ももか「……どうしたん？」

蓮「……できることは全部やったし、後悔はないんだけど」

ももか「……」

蓮「もっとこうしたらとか、もっと出来たんじゃないか、みたいなことは思ってしまう」

ももか「……」

蓮「ごめん、今更言ってもしょうがないよな」

ももか「……」

と、スタッフが呼びに来る。

スタッフ「奥河内高校の皆さん、出番10分前です」

ももか、蓮に何も言わずに部屋を出ていく。

112　同　客席

審査員席には、楠木住職、忍、そのほか音楽家、俳優が座っている。

×　　×　　×

客席最後列入り口側にて、ひとみの遺影と一緒に舞台を見つめる大鉄。

113　同　舞台控室

スタッフの声「開演1分前」

緊張した様子の岬や星愛姫や雪、ももか、瞳を閉じている。

集中し、深呼吸をして。

ももか、瞳を開ける。

114　同　舞台

舞台の幕が上がる。

客席から拍手が沸き起こる。

緞帳の幕が上がっていくと、光に包まれた中、舞台の上に立つ、錦渓幼稚園の太鼓チーム。

たいがの姿もある。

太鼓の音が、『ドン』と鳴った。

そこから、一数秒、太鼓の演奏が続き、演奏が鳴りやむと舞台上の明かりが落ち、活弁士役の役者にスポットライトが当たる。

静まる客席。絵本風な映像と。

弁士「昔々、桃から生まれた桃太郎が、川から流れてくる、そのまた昔の話……河内《かわち》黒《くろ》磨《まろ》が幕府に受けた密命は……『鬼族を殲滅せよ』！」

『桃連鎖！』のタイトルイン！

※黒磨のテーマは太鼓。

115　滝（映像）

旅に出た岬演じる黒磨は、滝で一休みと、気配を感じると、犬族に囲まれた※以降、映像背景に、舞台演技剣術が達者な黒磨であるが、しかし相手の数はかなり多い。

黒磨「拙者は河内黒磨、幕府より、悪行横行の鬼族を殲滅せよとの命を賜っておる」

犬族三郎「なんと！　思いは同じ。お助けいたす」

弁士の声「こうして、黒磨と、犬族の三郎の旅は始まった！」

※犬の三郎のテーマはベース。

116　棚田（映像）

旅をする黒磨と三郎。

水田地区を歩いていると猿族の二郎が現れ、三郎とにらみ合いになる。

※猿の二郎のテーマは、ドラム。

二郎「お主、人間の供をするとは、所詮は犬か」

三郎「猿にはわかるまい」

二郎「なんだと！」

黒麿「やめろ！」

黒麿が止め、歩き出す。

三郎「ついてくるな」

二郎「行く先が同じだけだ」

117 団子屋

団子屋に一行が到着すると、そこにはたくさんの山伏に囲まれているお江が。

お江、ケガをしている様子。

※キジのお江のテーマは、ギター。

山伏「ここまでだな女。おとなしくしろ」

お江「何度も言わせるな。私は人斬りなんてしない」

二郎と三郎、憤る。

二郎「たった一人の女によってたかって、お前らクソ喰らえだ」

三郎「まったくだ、お助けいたす」

そして、入り乱れての戦い。※殺陣部分、舞台演技

舞台上で激しい殺陣が行われる。

終盤は映像に人物も戻る。

一行は山伏たちを蹴散らした。

黒麿、手製の薬で、お江の怪我を治療する。

黒麿「拙者は黒麿。我らは旅をしておる。一緒に旅をしないか」

お江「私はお江。借りた御恩はお返し致します！」

二郎「犬と雉だけでは心もとない。猿も供しよう」

118 岩脇山ダイヤモンドトレイル山（映像）

長い道のりを進む一行。

119 山頂付近（映像）

一行、山頂に間も無く到着と、どこかから美声が聞こえる山頂にたどり着くと……声の主は見目美しい少女の姿。

少女、さくらと目が合う黒麿、その美しさに心を奪われる。

黒麿「美しい……」

さくらは、ももかが演じている。※さくらのテーマは、コーラス。

120 客席

ももかの登場に、ワッと沸く客席。

大鉄「ほお……」

手に力が入る。

121 山頂付近（映像）

黒麿「……拙者は河内黒麿、旅のものである。もしよかったら飯を食わせてはもらえないか」

さくら「私は鬼住さくら。旅のかた、こちらへ」

122 舞台袖

舞台袖で待機している演劇部たちと、岬とももか。

うなずきあって、舞台上に。

123 さくらの家　軒先き（映像&舞台）

屋敷に案内され、お膳が運ばれる。

さくら「おにぎらず、です」

黒麿「なぜ、おにぎり、ではないのですか？」

さくら「おに、ぎらない、からです」

おにぎらずを食べる黒麿。

124 さくらの家・お堂（映像&部隊）

舞を踊ったり、謡ったりするさくら。

楽しそうな、黒麿たちの姿。

鬼族と人間が、入り交じって踊っている。

黒麿「ここでは鬼と人間が共存しているのですか？」

さくら「はい。鬼族と人間は共存を約束したのです」

溢れる笑い声。

黒麿とさくら見つめ合って、笑い合う二人。

と、黒麿、さくらの手をおずおずと握ろうとした、その瞬間。駆け込んできた鬼族。

鬼族1「大変だ！　幕府の大軍が」

鬼族2「将軍自ら、この鬼住に向かっている」

紙には『鬼族、皆殺し』の文字。

鬼族3「やつらが欲するは鬼族の殲滅。せめてさくらだけでも、逃げて！」

さくら「……いえ、わたしはここに残ります。しかし黒麿殿、あなた方は、ここから脱出してください。巻き込むわけにはいきません」

目を閉じる黒麿。一考あって口を開く。

黒麿「拙者、鬼族側について、戦うことにした。共存を約束したにも関わらず、鬼族の神通力に怯え、鬼族を排除しようとは、大きな間違いである」

三郎「黒麿さんよ、俺らはあんたに従うぜ」

そして、鬼族＋黒麿＋三郎＋二郎＋お江VS幕府軍の戦いは始まった。

押し寄せる敵に対して10分の1の戦力で戦い、健闘するも、劣勢。

生き残るは少数のみ。

黒麿決死の襲撃で、将軍に怪我を負わすも、あと一歩追いつかず。

しかし、将軍たちは撤退する。三郎たちは追撃する。

一人、致命傷を負う黒麿。意識がない。

そこにさくらが急行する。二人きりのため、それを見る者はいない。

さくらは、傷口に手を当てて、読経する。

そして、かんざしで手首を切り、流れる血を黒麿の口に入れる。

すると黒麿の傷はみるみる治り、瀕死の状態が、嘘のように復活した。

125 客席

大鉄、息を飲むように見守る。

蒼月忍は、表情を変えない。

126 テクニカルブース

進行をチェックしながら、舞台上を見守る蓮。

いつの間にか目覚めた反町も隣で固唾をのんで見守っている。

127 舞台袖

袖に戻ってきたももか。
機材の前に立つ。
それに気が付いた星愛姫。
と、ももかの頭に角が出ている。

星愛姫「あっ！……その角は……（ちいさめの声で）特殊メイク……？」

ももか「星愛姫……」

星愛姫に近づいてきたももか、強い眼差しで。

ももか「私、やりきりたい。もう、自分を隠すのは、今日で最後にしたいねん」

星愛姫、ももかの雰囲気に圧倒される。

星愛姫「……」

128 舞台上

弁士「こうして黒磨は致命傷を負ったものの、さくらの力で一命をとりとめた。そして勝利の大宴会が行われた」

129 山頂（映像）

黒磨と、さくら、同じ風を浴びる。

黒磨「さくら、俺と結婚しないか」

さくら「……いえ」

黒磨「……どうした？」

さくら「私は……私は……」

と、そこで映像がぶつんと切れる。

130 客席

暗闇に包まれる舞台。

131 テクニカルブース

蓮「……あ」

反町「おかしい……最後まで書き出し出来てたのに！」

132 客席

次第にザワツク客席。
『これは演出？』などの声。
不安そうに見守る大鉄たち。

133 舞台袖

スタッフたちが緊急事態にバタバタしている。

スタッフA「誰かがコードを抜いたって」

スタッフB「差し直せ」

岬、冷静な様子でインカムに、

岬「トラブルが起こったみたい……どうしたらいい？」

134 舞台袖から控え室の導線

ももか、控え室にある楠公像の前に立っている。
映像プレイヤーの電源が落ちている。
ももか、深呼吸して、舞台へと向かう。

× × ×

ももか、雪の横を、通り過ぎた。

雪「え……ももか？」

ももかの表情になにかを感じたのか、雪は太鼓ベースへと走って戻る。

135 舞台上

ももか、角が出たまま舞台上に現れた。
ステージの真ん中にまで来て立ち止まる。

136 テクニカルブース

蓮「岬さん、そのまま待ってください」

ももかに気付いた蓮が、インカムで岬に指示する。

137 舞台上

ももか、瞳を閉じている。
舞台上のももかに、スポットライトがついた。

138 照明ブース

スポットライトをももかに当てる星愛姫、ももかに頷く。

139 舞台上

ももか、目を開けた。

140 客席

ザワつく客席。

大鉄「……」

客席が静かになる。
前のめりになる忍、気が気でない雉本先生、楠木住職。

141 舞台上

ももか「私は……私は、真の姿を偽っているのです。私の……私の本当の正体は、鬼なんです」

ももかの渾身の芝居に、客席が呑まれる。

ももか「……それでもあなたは、私のことを愛してくれますか？……私は、あなたのことを愛しています！」

ももかは、テクニカルブースの方を見つめた。

142 舞台袖

岬、驚いているが一歩も動けない。

143 テクニカルブース

蓮、マイクを手に取った。

反町「……監督？」

144 舞台上

照明ブースを見つめるももか。
しかし反応はなく、ももか、俯いてしまう。

蓮の声「わたしも……わたしもあなたを愛しています。心の底から！」

ももか、パッと笑顔になる。

ももか「ホントに？ 私は鬼なんだよ？ ホントに……ホントにいいの？」

蓮の声「関係ない！ おれは……君が好きだ！」

ももか「……鬼のわたしと、一緒に生きてくれるの⁉」

蓮の声「ああ。生きよう！ おれと一緒に生きてください！」

ももか「……嬉しい！」

と、太鼓やドラムが鳴り始めた。

145 客席など

会場、大拍手に包まれる。

雉本先生は、涙をこらえながら拍手をしている。

忍、楠木住職も大拍手。

大鉄は号泣している。

立ち尽くす蓮の肩を、ぽん、と叩く反町。

岬はちょっぴりうるんだ目をぬぐいながらも拍手。

雪は泣きながら太鼓を叩く。

星愛姫は複雑な表情でためいきをつきながらも、満足げに笑って拍手。

会場の拍手は鳴り止まない。

146　木の前（映像）

弁士「やがてこの丘の上に、さくらのお墓が建てられたという。いつしかそこに桃の木が生え、時は流れ、人は流れ、やがて物語は連鎖する」

木からドサッと桃が落ちた。

桃は隣を流れていた川に落ち、そのまま流れていく。

弁士「この桃の中にいた子こそ、かの有名な桃太郎なのですが、彼の真の目的は鬼退治にあらず！　それは母捜しの旅とも言われるが、いずれにしましてもそれは、次の講釈にて！」

映像はフェードアウトしていく。

と、ロックな音楽が流れ始めた！

147　舞台上

りりかのコーラスが会場に響いた。

ももか他、出演者たち、舞台上になだれ込む。

観客、総立ちで拍手で迎える。

蒼月忍も、立ち上がって拍手をし始めた。

立って拍手をする大鉄、ふと気付けば、隣にひとみがいて拍手している。

目が合って、にっこり笑ったひとみは、大鉄の頬にキスし、次の瞬間にはもういない。

148　舞台上

演奏が終わった。

背景の映像では、エンドロールが流れ始めている。

蓮とももかを中心に、全員整列し、頭を下げる。

ももか、もう角は頭から消えている。

ももか、頭を上げる。蓮ががしっ、とももかの肩を抱く。

気付けば仲間に囲まれ、もみくちゃに。

ももか、これまでにない、満面の笑みで。

149　桜舞うレッドカーペット

出店で賑わう。鬼のお面や鬼の人形を売る店などが出ている。

レッドカーペットのスタート地点に立つ、ももかや蓮、ほかのスタッフとキャストたち。

皆、衣装やメイクで鬼の恰好をしている。

岬、さる、犬、きじ、演奏集団、そしてももかと蓮は一番後ろ。

蓮「行こうか？」

ももかに、手をさしだす蓮。

ももか「（微笑んで）うん」

蓮の手をとるももか。手をつなぎながら歩きだす。

二人の会話が聞こえる。

「ちょっ、そんなに強く握るなって。お前、怪力なんだから」

「うるさいわ」

二人は笑いながら、未来に向かって歩いていく。

150　エンドロール

鬼住橋での、鬼瓦家の記念撮影、部員みんなでの記念撮影など。

END

バンドしか知らない自分が作った「主張する映画音楽」です

かじわら　てつや●1963年9月生まれ。元「THE BLUE HEARTS」のドラマーであり、世界中でパワー全開のドラムを叩き続ける。現在は、バリアフリー・ロックバンド「サルサガムテープ」など、大人数でリズムを叩き、音楽の楽しさを共有する、という活動を積極的に行っている。また、太鼓芸能集団「鼓童」の坂東玉三郎氏 芸術監督作品「混沌」のドラム監修、アドバイザーや作曲を手掛け、自らのバンド「THUNDER BEAT」「えびす大黒」では、和太鼓とドラム、ロックの新たな可能性を模索している。

――今作で「初めて映画音楽づくりに挑んだ」という元「THE BLUE HEARTS」のドラマー梶原徹也さん。音楽プロデューサーとして参加したきっかけは？

梶原　瀧川元気監督にお会いした当時、私は関西に引っ越し、自分のやりたいことにもっとフォーカスしたいと思っていたんです。監督のお話をきいて「鬼」という存在に注目しているのが面白いと思い、その日のうちに引き受けました。私は歴史が大好きなのですが、表に出ている歴史とは勝った人たちの物語なんだと思うんです。その裏には報われなかった人々の思いや無念さがある。奥河内には鬼伝説があり、鬼には鬼の理由があるのでは？と。そんな裏の存在に目を向けていたことから、これは、私が引き受ける意味があると思いました。

――初めての映画音楽はどのように作っていったのですか？

梶原　音楽は、連鎖劇にも登場する「鬼ビート」というバンドがそのまま制作しています。私は音楽プロデューサーという立場ですが、バンドしかしてきていないので、ベース・ギター・ドラムの3リズムを基本にしたロックならではの音になっていると思います。全体的なサウンドデザインは、ベース担当の鈴木常治がしてくれました。特に、主人公のももかが自転車で疾走するオープニングはバンドらしさが全開です。

最初、監督からは『トレインスポッティング』のようなスタイリッシュなイメージでと言われたのですが全く想像がつかず、映画を観直す日々（笑）。じゃあ、キャラクター別にテーマソングを付けたら？と。それが突破口になり、「映画部のスター、岬先輩のテーマは『スターウォーズ』のハンソロで」と監督が言うと、みんな「ああ、ハンソロか！」と。映画好きが多かったので、あの映画のこんなシーンでという共通の認識ができたのがよかったです。校内No．1美少女、松丸星愛姫からももかがいじめられるシーンにはノイズ系の音楽を付けたいと、映画『ジョーカー』をわざわざ観に行ったり。1つのシーンに曲を3つは作るのがどんどん挑戦的になってきて、さすがにこれは？という音を提出してみたりするのですが、監督はあえてその曲をチョイスするという驚きが（笑）。これぞ、音よりも映画音楽的視点からの選択なんだなと、発見がありましたね。

――願昭寺での護摩法要奉納や、「連鎖

音楽プロデューサー

梶原　徹也

TETSUYA KAJIWARA

劇」の演奏場面にも参加されていますね。

梶原　はい。御奉納演奏はひとつの「祈りの形」だと感じています。芸能は神仏からのメッセージを歌や踊り、演奏で皆に伝えることだと思うんですよね。

　また、連鎖劇の撮影をした観心寺には楠木正成公の塚もありますが、楠公さんこそ、義を貫いた人。今でも、奥河内のみなさんに心から愛されています。楠公さんが、地元を大切に生きた様は地方創生のお手本です。私たちも、ロックという自分軸を大切にしながら、楠公さんが見守っているつもりで、音楽をやらせていただきました。バンドと和太鼓、奥河内の歴史とロックが融合した音が随所に弾けていると思います。

――THE BLUE HEARTSの名曲『TRAIN-TRAIN』が挿入歌になっています。

梶原　THE BLUE HEARTSは結成から今年で35年。本当にありがたいことです。今回は、ももかの妹役・深尾あむちゃんが歌ってくれましたが、かなりいい！『人にやさしく』『情熱の薔薇』など候補曲はありましたが「栄光へ向かって走る」という歌詞が映画を作る夢に向かって走る姿に似合うということで決まりました。BGMではなく、自分たちのスキルをつぎ込んだ「主張する音楽」です。魂を込めて演奏したので本気の音が感じられるんじゃないかな。

Oni-girl!!

撮影にご協力いただいたみなさま

エキストラとして参加してくださったり、
炊き出しをしてくださるなど
「鬼ガール!!」の撮影にご協力いただいたみなさま

Oni girl!!

テクニカルスーパーバイザー　米窪康成
カメラカー　寺島厚司　新井敬太　田中尋之
クレーンオペレーター　島田暁
グリップ　庄山徹　影山龍之介
ローニンオペレーター　深谷裕也
ドローンオペレーター　青木三六

原作協力　服部圭子　田島美絵子
（KADOKAWA 角川つばさ文庫編集部）

太鼓指導　陽介
鬼ロック バンド指導　zenrin　佐々木ツヨシ　船岡智美
アクション　吉田理佳　木暮淳　和田住功汰
倉田操　細野峻河　松村達也
日本舞踊指導　中西恵子
映像オペレーター　吉田知弘
スクリーンオペレーター　村川紘仁
Eバイクメンテナンス　ACT WITH
河内材コーディネート　倉橋陽子
プロダクション顧問　和泉剛　佐々木宙之
法務　四宮隆史　秋山光
制作デスク　西浦里奈　三好ちよこ
884サポート　林基継　林裕子　林万美子　林宗平

河内長野田園&獅子舞撮影Unit

プロダクションコーディネート　大宅成一　堀亮平　八木真綾
プロダクションマネージャー　杉本愛海　村山藍凛
撮影　松原敏之　黒田萌子　菱沼雄介
タイムラプス　及川健次郎　吉岡純平
ドローン　岩本拓磨
田園協力　大宅秋子　大宅秀和　大宅郁子　大宅和佳
大宅克典　堀健司　堀千代
堀愛香　堀翔哉
スペシャルサポーター　キアラ・フィリップス

イタリア撮影Unit

トータルプロデュース・撮影　Genki Takigawa
ユニットコーディネーター　Kimihiro Onitake
通訳/コーディネート　Mari Yamakawa
プロダクションマネージャー　Shinpei Yamasaki
ドローン
David Mariottini　Daniele Capaccioli

ワイナリー協力

Maddalena Cordella　Aldo Di Gennaro
Orlando Cordella　Sandra Andreini

Nicola Guidi　Giacomo Guidi
Dimitri Guerri

Eleonora Ciardi
Diego Tazioli

宣伝プロデューサー　石神理奈
宣伝アシスタントプロデューサー　渡辺実莉
パブリシティ　大塩秀太　飯田敏子　藤井愛子　永尾康祐
ティザーポスターデザイン　山本寿雄
劇場用ポスターデザイン　前田仁　青木由香里
予告編制作　杉崎聡
劇場営業　花田郷史　黒田麻衣
配給統括　福田済

クリエイティブ・ディレクター　キム・ソクウォン
企画サポート・TikTokクリエイター　べろんちゅ【危険捕食生物】
企画サポート・アーティスト　内田すずめ
企画サポート・鬼ちゃんねる　竹下しんいち　大賀紀佳　SIT
企画サポート　放送芸術学院専門学校
瀧川クラス　「映画ドラマ制作」
「映像演技」　「マネジメント演習」のみなさん

奥河内クリエイティブアカデミー
徳城慶太　坂元恭平　横山ぽんすけ
杉本昇　相奈良聖子　Nemaru　岡田理奈

亜細亜大学都市創造学部サイトウ・アキヒロゼミ

鬼ガール応援団　中村優一（G-STAR.PRO）

製作　上條典夫
瀧川元気
坂本裕寿
中野伸二
竹田直彦
東口幸司
岡田美穂
菊川雄士
栗花落光
樋口秀晃
羽東敏夫
五嶋俊貴

エグゼクティブプロデューサー　中西康浩
瀧川元気

プロデューサー　中川敏宏
内海直大

音楽プロデューサー　梶原徹也

キャスティング　新江佳子

原作　中村航
『鬼ガール!!ツノは出るけど女優めざしますっ!』
（角川つばさ文庫）

脚本　中村航　作道雄　瀧川元気

音楽　鈴木栄治
アクション監督　マット奥井

撮影　岡田賢二
照明　宮西孝明
録音　小清水建治
美術　岩井憲
スタイリスト　米村和晃
衣装　三上由希子
ヘアメイク　菅原美和子
編集　別所順平
音響/MA　田中俊
レコーディングエンジニア　青木悠
デジタルカラーグレーディング　増田好宏
制作担当　和田裕也
助監督　山田敏久
演技事務　鶴岡咲子
ラインプロデューサー　吉田悠里子

2nd Unit　下山天

監督助手　福島隆弘　山之内優　吉岡民結　都司ゆきか
監督助手応援　山嵜晋平　高明　安川徳寛
撮影助手　大淵博道　神谷麻歩　小田桃子
撮影助手応援　大西宏典　嶋村雄輝　大隈文顕
照明助手　篠崎征司　岩谷貴生　清水雅人
照明応援　井寺幸二　井寺修　梶田拓也　石谷紗織
録音助手　三木雄次郎　高須賀健吾
録音応援　矢沢仁　細川隆太
美術助手　百武雄太
美術応援　三藤秀仁
制作主任　前川陽子
制作進行　山野あずさ
2ndUnitアシスタント　音田大樹　中方亮介
アシスタントプロデューサー　石丸未菜　高矢悠帆
ヘアメイク助手　渡邉瑠菜
ヘアメイク応援　中島まち子　榎本愛子　森元亜希子
藤里真菜美
ヘアメイク助手応援　揚野楓う香　塩見恭香　池添凛
武田英李　鳥居茉瑚　関友梨子
吉元愛華　野村茜　松田珠璃香

オープニングナレーション　陽介
鬼ガール!!タイトルデザイン　山本寿雄
スチール　池田岳史
公式ガイドブックスチール　上総毬椰
公式ガイドブック　田中朋博
メイキング　清水宏行
メイキング応援　松原敏之
ラボマネージャー　鈴木裕美
テクニカルディレクター　保木明元
データマネジメント　砂田武士
VFX supervisor　池田大
CG designer　稲田開　市川人知　山口朋子　水田拓実

井頭愛海

板垣瑞生

上村海成

桜田ひより

吉田美月喜

曽野舜太

深尾あむ
末次寿樹

楽駆
志田彩良
西山潤

松澤可苑
神谷侑理愛
AMI
山口葵
吉岡竜輝

宏田逸星
前島花凜
べろんちゅ【危険捕食生物】
桑村大和
アッパレード木尾
マット奥井

宇都宮まき

末成映薫（特別出演）

野村殊廉
南岡萌愛
藤岡優二
杉原真琴
森山舞
白上心望
酒見明日香
セリオサ映美莉
佐藤さと
塩崎令佳
村田嵩明
中岡和泉
小島麻緒
岡部萌那
川名晴翔
杉森連
西坂伊央里
中田葉子
吉國瑞基
直木透哉
東映道
宮崎優理恵

吉村洋文（友情出演）

奥河内のみなさん
奥河内ムービープロジェクトのみなさん
放送芸術学院専門学校のみなさん

テイ龍進

六平直政

山口智充

特別協力

GRIP&EQUIPMENT IMAGE STUDIO 109　S3 company　DRONEVISTA　sanwa CINE EQUIPMENT

プロダクション協力

嵯峨映画　ハートス　BEENS　吉川事務所
放送芸術学院専門学校　大阪スクールオブミュージック専門学校　九州ビジュアルアーツ専門学校
ヒストリー　AIR SCREAN タケカワ　ステキコンテンツ

オスカープロモーション　スターダストプロモーション　フラッシュアップエンターテインメント　研音
トップコート　テンカラット　エヴァーグリーン　松竹芸能　放映新社　テアトルアカデミービーイング　オフィス作
スペースクラフト　インキュベーション　イトーカンパニー　CESエンタテインメント　JUNES　関西アクションアクターズ
ディケイド　ホリプロブッキングエージェンシー　吉本興業

ポストプロダクション協力

キッズカンパニー　松竹映像センター
EDP graphic works Co.,Ltd.　IMAGICA

衣装ヘアメイク協力

YKP　京都医健専門学校
24h cosme

STUDIO協力

STUDIO YOU
SOUND INN STUDIO
ベースオントップ

ロケ協力

大阪府　河内長野市　富田林市　千早赤阪村
大阪第一交通　キックス　ラブリーホール
長野公園　富田林市消防本部　大阪千代田短期大学　清教学園中学校・高等学校
河内長野駅前長野商店街　関西サイクルスポーツセンター　滝畑湖畔観光農林組合
檜尾山 観心寺　天野山 金剛寺　薬樹山 延命寺　浄心山 願昭寺
天堤勇　麺坊 蕎麦博　炭火焼鳥 一徹　笑福園 北青葉台店　ありきカイロプラクティック
丸長運送　おばな旅館 富貴亭　グランドホテル二葉　汐由温泉研修センター
河内長野市神ガ丘地区のみなさん　千早赤阪村下赤阪棚田の会のみなさん

協力

和泉会計事務所　C&B　E&R総合法律会計事務所
河内長野市文化振興財団　プロジェクト奥河内
道の駅 奥河内くろまろの郷　一冨士ケータリング　On KiTCHEN

SHOT ON KODAK FILM

Special thanks

メガネの愛眼　タイムステーションNEO　ナカザワ　フェンダーミュージック
三映印刷　富士フィルム　劇団ドクターイエロー　Tokyo New Cinema
小黒一也　上村直輝　篠原麻梨　猪狩宗一朗　LEE TABASCO　友岡宣仁　RICE
つじのちさ　樋口祐介　富岡寛子　上尾由美　毛川努　永田雅子　岡田倖季
一般財団法人 関西棋院/棋士:高津昌昭　上村優依　渡辺隆　千葉淳　岡田幹
宮尾和孝　鈴木章大　古川弘樹　三宅修司　西洋亮　西学　24panda
三嶋宏　中川喜広　山本哲史　立川美絵　前田恭男　吉富正英　鄭由理
中澤実仟盛　松本靜郎　辻倫明　坂口喜一　戸田慶太郎　谷井健　辻本弘明
市川 潤一　藤川英俊　井田將仁　山本悠貴　野呂裕樹　前田真一

特別協賛

モリ工業
創業90周年記念事業

コノミヤ

イオンモール

シーエーシー

シンカ・コミュニケーションズ
ダイドー

博光福祉会 寿里苑

藤野興業

関西サイクルスポーツセンター
TJグループホールディングス
冨尾石油
フィットネススクール ロコモK.O

音楽Unit

鬼ビート

ギター　鈴木井咲
ベース　鈴木栄治
ドラム　梶原徹也
和太鼓　陽介

ピアノ　家口成樹
ヴァイオリン　山本啓

バンド協力　Jeep橋本
marron aka dubmarronics

レコーディングUnit　青木悠
椛島隆
湯原大地

劇版

「鬼ガール テーマ」
作曲　鈴木栄治

「鬼おにロックンロール」
作詞　AMI　作曲　鬼ビート

「Beat Fighter」
作曲　鈴木井咲　梶原徹也

「春のテーマ」
「秋のテーマ」
「蓮のテーマ」
「岬先輩のテーマ」
「イタリアのテーマ」
作曲　鈴木井咲

「夏のテーマ」
「冬のテーマ」
作曲　鈴木井咲　鈴木栄治

「奉納太鼓」
作曲　陽介

護摩法要Unit

浄心山 願昭寺 横手慶隆 住職／横手願照 副住職
薬樹山 延命寺 上田霊宣 住職／檜尾山 観心寺 永島全教 住職
臨海山 龍光院 大國 真弘 住職／神峰山 般若寺 福嶋弘昭 住職
浄心山 願昭寺 修験随喜衆
別田教峰　別田照導　別田俊照　別田竜太郎　奥野正江
丹部智明　丹部弘雲　米満孝秀　土居浄明　吉村徳照　宇田裕
田中康志　田中佑樹　田中宏樹　田中良樹　冨地信行　川井康
芳山賢哉　植田潔　中原俊亮　福嶋保成　福嶋祐大
福嶋仁昭　横手恵香　横手智哉

「そら」
作詞　作曲　陽介　アレンジ　鈴木井咲
歌:鬼瓦りりか(深尾あむ)

「ライト」
作詞　作曲　陽介　アレンジ　鈴木井咲
歌:鬼瓦りりか(深尾あむ)

挿入歌

「TRAIN-TRAIN」
THE BLUE HEARTS
作詞　作曲:真島昌利
編曲:THE BLUE HEARTS
演奏:鬼ロック　歌:鬼瓦りりか(深尾あむ)

後援

大阪府　河内長野市　富田林市　千早赤阪村　大阪府教育委員会
河内長野市教育委員会　千早赤阪村教育委員会　大阪観光局
河内長野市観光協会　千早赤阪村観光協会　河内長野市商工会
河内長野市商店連合会　河内長野青年会議所
河内長野ライオンズクラブ　河内長野ロータリークラブ
河内長野東ロータリークラブ　関西大学　大阪千代田短期大学
大阪暁光高校　清教学園中学校・高校
錦渓幼稚園　くすのき幼稚園　日本郵便　JA大阪南
大阪府森林組合南河内支店　南海電気鉄道　近畿日本鉄道
南海バス　大阪第一交通
檜尾山 観心寺　天野山 金剛寺　薬樹山 延命寺
錦渓山 極楽寺　浄心山 願昭寺
池田泉州銀行　関西エアポート　ANA関西空港

ANA

ゼネラルプロデューサー

西野修平

映画『鬼ガール!!』製作委員会

電通	新井秀夫	森内勇策		
Studio-884.Pro	瀧川元気			
読売新聞社	河村敏夫	草薙雄太		
	中山晃一	鎌田臣則		
MBS	池邉真佐哉	首藤明日香	川中恵一	
	丸山博雄	辻井恵子	久保田紗代	
ABCテレビ	坂井昭浩	梅村陽子	寺尾光洋	武田行剛
TVO	金岡英司	金森啓	尾崎克人	
KTV	中畠義之	田中はるみ	沖貴子	栗園香
YTV	高津英泰	宮本典博	古島裕己	
	龍神秀一	吉田卓麻		
FM802	奥井宏	岩尾知明	高井英昭	平川英樹
FM大阪	井上貴史	藤原菜津希		
関西東通	亀井稔	村中智	尾畑長志	関口直樹
大阪プランナー	西上吏司	宮川真紀子		
	黒松祐輔	市川嘉人		

配給

SDP

制作プロダクション

STUDIO 884.PRO

監督

瀧川元気

協賛

介護老人保健施設あかしあ　井上スダレ
江後建材　大阪プランナー
大阪防水建設社　OTOGINO
紙谷工務店　河内長野貨物運送
ケイ·エス分析センター　慈恵園希望の丘
南天苑　東尾メック
BESV JAPAN　BODY SHOP神谷
MORISHOグループ·日本フォレスト

天野酒　滝畑湖畔観光農林組合
丸長運送　リビング河内長野

天野山カントリークラブ　上辻喜久彦
おばな旅館 富貴亭　カネ増製菓
河内長野ガス　河内長野遊技業組合
日本料理 喜一　近畿ビルサービス
金剛特殊釘製作所
サンプラザ三日市駅前店　三和液化ガス
ニシオ看板創芸　飛良鉄工　福田石材店
麺坊 蕎麦博　吉年
老寿サナトリウム

水素吸引サロン アイカ　ACT WITH　浅田幸子
アミューズ　エースタッフ　大阪ケース製作所
大阪住建　岡記念病院　カワモト　木谷工務店
グランドホテル二葉　玄米屋の玄さん　国華園　さぬき造園土木　匠英庭苑
スタジオ999　セットアップ　セブンイレブン河内長野南花台店　セリオス
大松　田中三代継　谷組　谷工具　土政建材店　長福運送
長野総合スポーツクラブ　にぎわいプラ座　西川建機　葉菜野
プラザーメンテナンス　ヘアーズアッシュ　保研オフィス　マツナガ
豆の蔵元　ミナハタ水道工業　森装建　門林秀昭　慶
RICADONNA　リンク　レンタルコトス

鬼ビート協賛

YAMAHA MUSIC JAPAN CO. LTD.　天野の里 浅野　やまと YAMATO

衣装協賛

菅公学生服　清教キャンパス　上野スポーツ　カンピ　瀧本

食事提供

アマヤ　tearoom Alice　炭火焼鳥 一徹　えびす亭　笑福園 北青葉台店
すし広　麺坊 蕎麦博　とりぞう　和風茶屋 中谷　酒菜工房 和　晴バル　Bbcafe　モダカ
河内長野市商工会女性部　河内長野市長野地区有志　千早赤阪村小吹地区有志

奥河内ムービー·プロジェクト実行委員会

顧問／井戸清明　共同代表／上野修二
西 義浩　讃岐巳樹也
特別参与／堀 智真　永島全教　上田靈宣
事務局長／高比良昌也
天川麻子　新井利治　大澤建作　大澤絢音　太田悦子
太田沙碧　岡俊也　奥村亮　奥村晃
門脇絵里　門脇怜音　釜平孟　神谷光義　北尻広
北東部賀規　北野正人　工藤敬子　小島武志
小谷桂子　児山拓史　西條陽三　阪谷匡亮　佐竹功
讃岐弥生　讃岐麗央　讃岐莉呼　塩塚優美子
島田明子　新谷博一　新谷百代　鈴木知子　末延秋恵
須田旭　瀧川定　瀧川生容　竹原義治
田野雅樹　田村友裕　辻展幸　土井健司　中岡和則
中島勝美　西川宏　西口栄一　西口禎二
野村祐介　畑たみこ　林隆志　播磨清　半野寛之
平井啓一　福本千和子　藤原崇行　藤原百禾
ヘスティ紀呂子　ヘスティ暉聖　房信嗣　堀内皓介
本城真由美　本城結都　町田樹　松村享
古川潤早　村時明　松本耕輔　松本隆生　松本圭生
松本葛生　道籏弘明　道端俊彦　道端智彦
三根ゆみ　望月教佳　望月美香　望月大地　八木広樹
山﨑一弘　山本貴之　若林勝美　和田圭祐
河内長野市役所のみなさん　富田林市役所のみなさん
千早赤阪村役場のみなさん　郵便局のみなさん
河内長野市商工会女性部のみなさん　いわわき会のみなさん
都市公園長野公園管理共同体のみなさん
かわちながの未来創造実行委員会のみなさん
ご協力いただいたボランティアスタッフのみなさん

/ ACCESS /

〔 電車の場合 〕

南海電車なんば駅から南海高野線で約30分

近鉄電車で大阪阿倍野橋から近鉄長野線で約40分

〔 車の場合 〕

阪神高速14号松原線「三宅IC」から約40分

阪和道「美原北IC」から約25分、
または「岸和田和泉IC」から約30分

西名阪道「藤井寺IC」から約25分

南阪奈道「羽曳野IC」から約20分

映画「鬼ガール!!」のまち

河内長野で楽しんでおきたい25のこと

映画『鬼ガール!!』の舞台となった大阪府河内長野市は、古くから仏教文化とともに交通、経済の要衝として栄えてきた地域。歴史ある寺院や建造物、豊かな自然においしいグルメなど、魅力が盛りだくさんの河内長野を楽しもう！

01

鬼住村に行こう

いつも元気いっぱいの主人公ももかの
ルーツは「鬼」。河内長野に残る鬼伝説を
たどってミステリーの旅へ！

今作の舞台、河内長野市にある神ガ丘地区は、その昔、鬼住村《おにずみむら》と呼ばれ、鬼が暮らしていたという伝説がある。普段は洞窟に住み、行水に出てきては傍若無人な振る舞いをしたため、9人の村人が意を決して鬼が嫌がる「桃の木」の矢を放っての鬼退治。883年に記された『観心寺勘禄縁起資財帳』には「小仁染《おにそめだに》（深）谷」、1306年と1382年の古文書には「小西見《をにしみ》」と記録され、江戸時代になると読み方が転じて「鬼住村」になったという説が濃厚だ。現在の「神ガ丘」になったのは1954年の町村合併。住民投票によりこの名に変更され、同時に鬼住村の名も消えていった。

しかし、鬼にまつわるスポットは今でも健在。ももかの実家の近くにかかる「鬼住橋」や、その下を流れる川の河原には鬼が行水したとされる淵「鬼の盥《たらい》」、劇中の「鬼ドン」のシーンで登場する電柱には「オニズミ」の文字もみることができ、スクリーンの中には今も鬼がしっかり生きている。歴史の中に埋もれてしまった鬼の息遣いを感じさせる、河内長野の鬼スポットへ、ぜひ足をのばしてみよう！

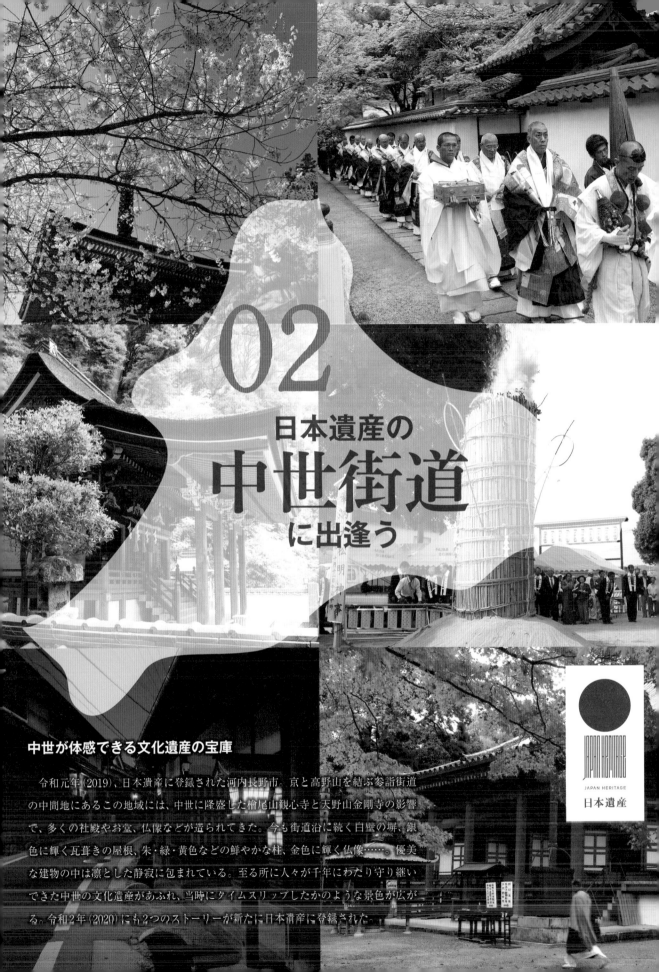

02

日本遺産の中世街道に出逢う

中世が体感できる文化遺産の宝庫

令和元年(2019)、日本遺産に登録された河内長野市。京と高野山を結ぶ参詣街道の中間地にあるこの地域には、中世に隆盛した檜尾山観心寺と天野山金剛寺の影響で、多くの社殿やお堂、仏像などが造られてきた。今も街道沿に続く白壁の塀、銀色に輝く瓦葺きの屋根、朱・緑・黄色などの鮮やかな柱、金色に輝く仏像……。優美な建物の中は凛とした静寂に包まれている。至る所に人々が千年にわたり守り継いできた中世の文化遺産があふれ、当時にタイムスリップしたかのような景色が広がる。令和2年(2020)にも2つのストーリーが新たに日本遺産に登録された。

国宝　重要文化財　国指定史跡

03 中世日本の要所 天野山金剛寺

奈良時代に聖武天皇の命で行基菩薩により開かれたと伝わる、河内長野市が誇る名刹。平安時代初期には、弘法大師空海も密教の修行をしたとされている。その後400年にわたり荒廃するが、平安時代末に高野山から来た阿観上人により再興された。当時は多くの寺院が女人禁制を敷く中、早くから女性の参拝を受け入れ「女人高野」の名でも知られている。

南北朝時代には南朝方の拠点となり、その後も織田信長や豊臣秀吉など各時代の権力者と深い関りがあった。そのため、今でも国宝の金堂三尊像をはじめ数多くの重要な美術工芸品や歴史的建造物が残されている。特に重要文化財群で構成された伽藍は見事だ。ここでは「鬼ロック」のライブシーンが撮影された。

DATA

天野山 金剛寺

住 河内長野市天野町996　☎0721-52-2046
料 伽藍は大人200円、小学生100円、本坊は大人400円、小学生200円、大人のみ共通券（500円）あり
時 9:00～16:30　休 なし　交 天野山バス停から徒歩1分

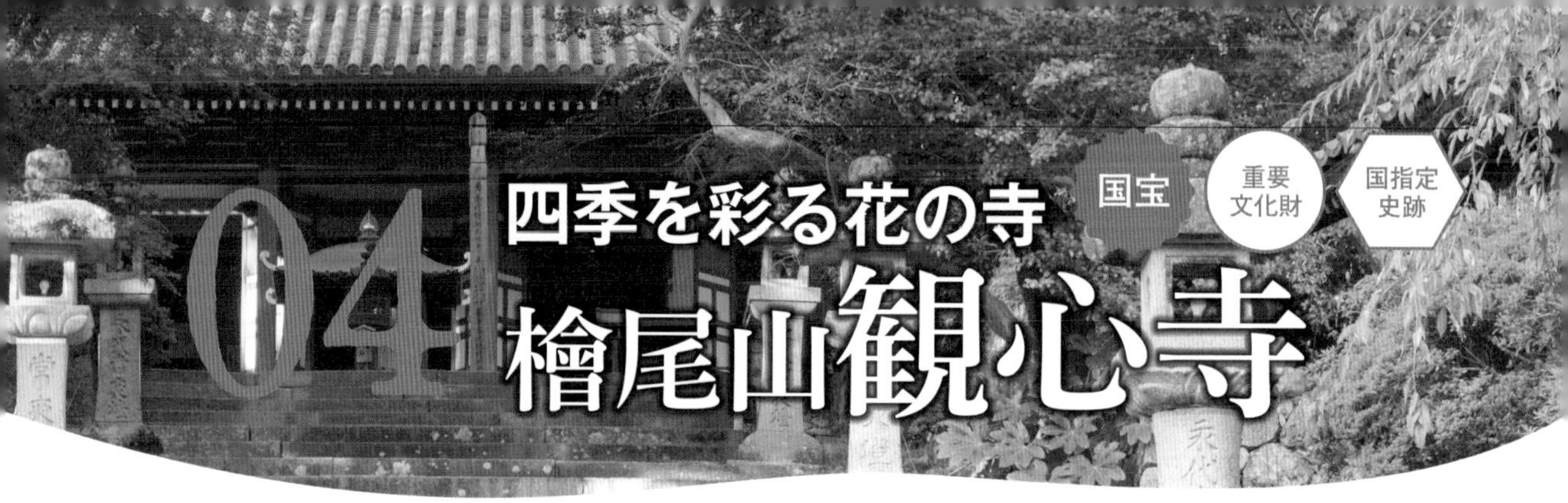

04

四季を彩る花の寺 檜尾山観心寺

国宝　重要文化財　国指定史跡

四季折々の花が彩る楠木正成ゆかりの寺

大宝元年（701）に修験道の開祖・役小角が前身の雲心寺を創建したと伝わり、弘法大師空海が如意輪観音坐像（国宝）を刻んで本尊とし、観心寺と改称。南北朝時代には南朝方に尽くした楠木氏一族の菩提寺で、その後、後村上天皇の行在所も置かれた。今も楠木正成公の首塚や、後村上天皇の御陵が祀られている。多くの重要文化財や四季を彩る花、紅葉などの見所も満載。ここで、ももかの発声練習や上映会シーンなどの撮影が行われた。

DATA

檜尾山 観心寺

住 河内長野市寺元475　☎0721-62-2134　料 大人300円、小中学生100円
時 9:00〜17:00　休 なし
交 観心寺バス停から徒歩4分

05 紅葉の名所 薬樹山延命寺

平安時代に弘法大師空海が地蔵菩薩を刻み、祀ったのが始まりとされる古刹。江戸時代前期に、かつてこの地にあった「鬼住村」で生まれた高僧・浄厳が中興した。現在は紅葉の名所としても知られており、特に樹齢800～1000年で夕陽に映える姿の美しさから「夕照の楓」と呼ばれるカエデは必見だ。

重要
文化財

DATA

薬樹山 延命寺

住 河内長野市神ガ丘492　☎0721-62-2261　料 無料
時 8:00～17:00　休 なし　交 神ガ丘口バス停から徒歩10分

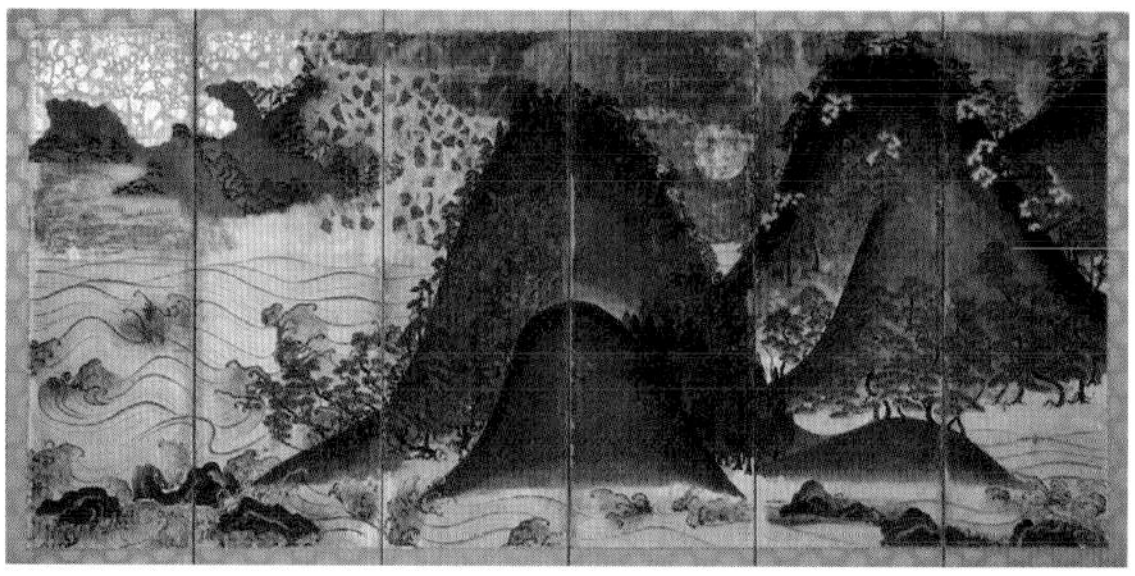

紙本著色日月四季山水図《しほんちゃくしょくじつげつしきさんすいず》

(天野山金剛寺)

平成30年、国宝指定された六曲一双の屏風。荒波を囲み山並に四季の循環を表現し、空には月と太陽が配置された構図。躍動感のある構成と鮮やかな色彩が共鳴して独特の迫力を生み出している。毎年、特別公開が行われる。

大日如来坐像、不動明王・降三世明王坐像《ごうざんぜみょうおうざぞう》(天野山金剛寺)

金剛寺の金堂に安置されているご本尊。中央が大日如来坐像、向かって右が不動明王坐像、左が降三世明王坐像で、いずれも寄木造の2メートルを超える大きな坐像。毎年、特別公開が行われる。

が博物館？

要文化財

ろ歩き

国宝や重要文化財がいっぱい。
えるまちをぶらり散策しよう。

金剛寺 金堂

建立は鎌倉時代後期。平成29年に修復が完成した目に鮮やかな朱色の建物。入母屋造、本瓦葺きの建物。

岩湧寺 多宝塔

建立は天文年間(1532〜1555)頃。上層は円筒形、下層は方形の塔身を持つ二重塔で、簡素なつくりでありながら、力強さも併せ持つ佇まい。

増長天立像・持国天立像

(天野山金剛寺)

楼門でにらみをきかせ、お寺を守る木造の二天王像。右側の持国天立像は271.5cm、左側の増長天立像は271.9cm。各像には「弘安二年」「大仏師法橋正快」等の銘文がある。

06
まちじゅう
国宝・重
をそぞ

河内長野には驚くほど
町中の文化遺産に出逢

観心寺 恩賜講堂《おんしこうどう》

昭和3年(1928)に京都御所で行われた昭和天皇の即位の大礼に使われた大饗宴場の一部を昭和5年(1930)に観心寺に移築した建物。日本伝統的な文様が描かれた二重折上格天井と西洋風のシャンデリアなど、和洋折衷の装飾が建物内を華やかに彩っている。

如意輪観音坐像《にょいりんかんのんざぞう》
(観心寺)

如意宝珠と輪宝の功徳で衆生の苦を破り、富をもたらし、願望を叶えるとされる観音。制作は承和年間(834~848)と推定される。毎年4月17日・18日のみご開帳される。

観心寺金堂

室町時代の初期に建立。それまでの伝統的な建築方法から発展した「和様」に、中国式の「禅宗様」を取り入れた折衷建築。中には国宝如意輪観音坐像が安置されている。

弥勒菩薩《みろくぼさつ》坐像 (観心寺)

観心寺の「霊宝館」に常設。薬師如来坐像、釈迦如来坐像、宝生如来坐像、そしてこの弥勒菩薩坐像を合わせて建掛塔の塔内四仏と呼ばれる。

烏帽子形八幡《えぼしがたはちまん》神社 本殿

発見された棟札によれば、建立は文明12年(1480)。本殿は桁行3間、梁行2間の入母屋造、檜皮葺きの建物。正面三方に縁をめぐらして、正面中央に擬宝珠をつけた5段の階段がつけられている。

長野神社 本殿

一間社流造で、三角形の千鳥破風と曲線の唐破風の二種類を組み合わせた屋根が特徴的。檜の樹皮を使って屋根を葺く檜皮葺きの建物で、室町時代後期に建てられたもの。

07 楠木正成《くすのきまさしげ》という男。

千早赤阪で生まれ、河内長野で育った正成のルーツをたどる。

後醍醐天皇に忠誠を誓い、南朝のために戦った悲劇の英雄、楠木正成。「楠公《なんこう》さん」と今も呼ばれて愛されるこの武将は、河内の地でどのように育ち、「義」を通す心をはぐくんでいったのか。彼のルーツを探っていく。

戦 足利尊氏《あしかがたかうじ》

室町幕府の初代将軍

のちに鎌倉幕府を開く武将。後醍醐天皇と楠木正成の運命を逆転させた

託 楠木正行《くすのきまさつら》

南北朝時代の武将・楠木正成の嫡男

楠木正成の嫡男。父の教えに従い足利軍と戦うが四条畷の戦いで戦死

義 後醍醐天皇《ごだいごてんのう》

鎌倉時代後期から南北朝時代初期・第96代天皇

楠木正成らと共に鎌倉幕府を滅ぼすが約２年で失脚

楠木正成は永仁2年（１２９４）に千早赤阪村の豪族に生まれたとされている。幼名は「多聞丸」。8～15歳の間は観心寺の中院で住職の滝覚坊に学問を学んだ。また、武将・大江時親の邸宅へ3年も通い直接兵法を学んだとも言われている。正成が命を捧げることになる後醍醐天皇は天保2年（１３１８）に即位、鎌倉幕府倒幕へと動くが情報が洩れてとん挫、逃れた笠置山（京都）でのちに挙兵した。その戦いで天皇方についたのが正成。山城で不便な赤坂城でありながら、大石を投げたり大木を落としたりと奇策とゲリラ戦で城を守り「赤坂・千早の戦い」として正成の名を世に轟かせた。一方、後醍醐天皇は笠置山が陥落し、隠岐へと流されていたが、隠岐から脱出、再び政権を狙った。その折、幕府軍側の足利高氏（のちの尊氏）が幕府を裏切り京都を制圧してしまったため、結果的に鎌倉幕府は崩壊。正成にとっては長き「千早城の戦い」の終焉。敵も味方も関係なく命を落とした兵を弔うため、正成は寄手塚や身方塚と呼ばれる供養塔を立てた。その後、正成は再び政権を握った後醍醐天皇の側近に。しかし、武家政治の復権を願う尊氏がまた反旗を翻したので立場は逆転。正成は逆臣として湊川の戦いへ行くことになったが、絶望的な戦いとわかっていても義を貫き、獅子奮迅の働きで戦に挑みながらも「逆臣」として世を去った正成。生家には石碑や産湯の井戸、観心寺には首塚や像、千早赤阪村には奉建塔があり、今も地元に生きている。

楠公 ゆかりの地を たずねる

河内長野の英雄「なんこうさん」の息吹が、今も感じられるゆかりの地がこんなに！

上赤坂城跡

下赤坂城跡

観心寺中院

楠公誕生地遺跡
楠公産湯の井戸

奉建塔

観心寺建掛塔

楠木正成首塚

寄手塚・身方塚

千早城跡

08 おもしろ自転車がいっぱい！ 星愛姫《てぃあら》もレッツ!!コギコギ!!

広々とした屋外には変わり種自転車がいっぱい。いつもはたかびしゃな星愛姫も思わず素直に!?

❷ ミニ自転車博物館

クラシカルな自転車の展示など、自転車の歴史と進化を紹介した施設

❶ アドベンチャーサイクル展

アドベンチャーサイクリスト池本元光氏の自転車と旅の軌跡を展示

約20万㎡もの広大な敷地内に、サイクリングコースやスリリングな自転車版ジェットコースター、ペダルをこいで上空30mまで上がるサイクルパラシュート、変わり種自転車が800台もそろう自転車遊びの聖地。自転車と遊具が融合した楽しいアトラクションが満載だ。

特に、変わり種自転車のデザインは多種多様で、不思議な動きやかわいい形の自転車がズラリ。劇中では、ももかが星愛姫を映画のスタッフに誘うために関西サイクルスポーツセンターにやってきて、変わり種自転車に乗りながら説得するシーンが登場するが、この時乗っているのは、丸太をのこぎりで切るように前後にハンドルを動かして進ませる遊び心満載の自転車。二人の周りにも、動物の顔がついたものや前輪が2つあるタイプなど風変りな自転車が通りすぎるので、その実物を体験してみよう。

関西サイクルスポーツセンター

住 河内長野市天野町1304 ☎0721-54-3101

街では乗れない「変わり種自転車」などのアトラクションからバーベキュー施設、キャンプ場まで完備。入場料は大人800円、こども500円（3歳～小学生）。営業時間は季節により変更

❹ サイクリングコース

約3㎞のルート。600円(60分)

❺ サイクルリュージュ

1人乗り600円、2人乗り700円

❻ サイクルコースター〝モッズ〟

自転車版コースター。500円

❼ スカイサイクルウォーカー

上空で自転車ライド。300円

❽ 水陸両用サイクル

地上から水上へ走行。300円

❾ ポッポサイクル

汽車がコースターに。300円

❿ くるコプター

回って上がりまた回転。300円

⓫ サイクルゴーランド

自転車版の回転木馬。300円

❸ 変わり種自転車

自由に選んで楽しくライド！
600円(45分)

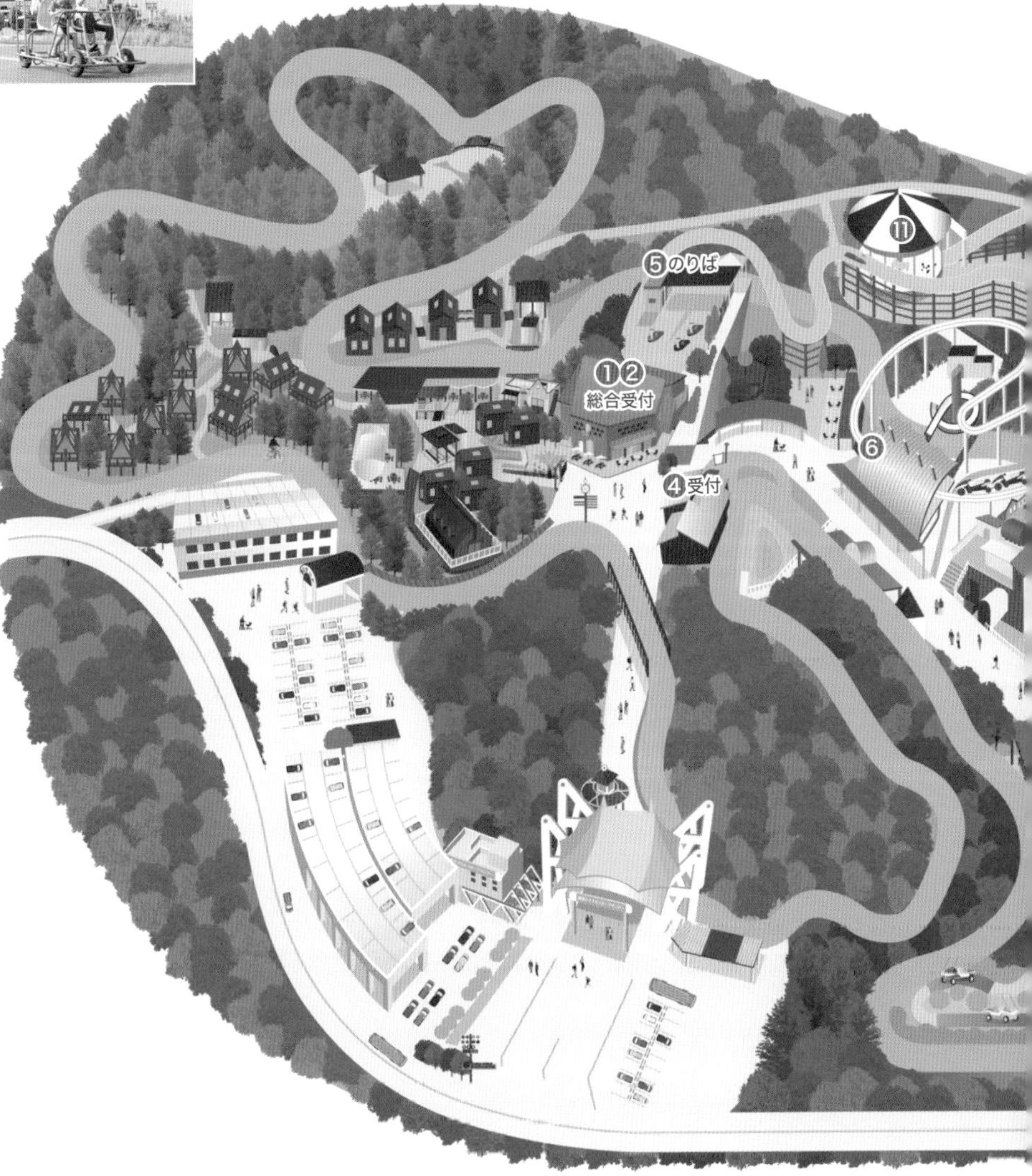

変わり種自転車

＼まだまだあるよ／

1人用はもちろん、いもむしのように連なった4人用の自転車や、家族・友達みんなで乗ることができる2人乗り、1人でこぐ立ち乗りタイプなどいろいろなスタイルがそろう。1回600円(45分)

09 劇中に出てくる地酒 鬼ころがし

地元の人々に愛される居酒屋「炭火焼鳥 一徹」で酒を酌み交わす旧友ふたり、ももかの父・鬼瓦大鉄と蓮の父・忍。二人が飲んでいるのは純米吟醸「鬼ころがし」だ。この酒は、河内長野市にある老舗の酒蔵「西條合資会社」が造る純米吟醸「天野酒」を、名前を変えて登場させたものだが、映画の公開に合わせてこちらの「鬼ころがし」ラベルも期間限定で発売される。

甘みの強い「僧坊酒」をルーツにもつ酒蔵だけに、この酒も度数は16・4％と高め。米は旨味の強い五百万石（福井県）を使って仕込んでいる。蔵主の西條陽三さんは「旨味の濃い酒ですので、料理と共に適量をじっくりと楽しむ酒だと思います」と飲み方を教えてくれた。

酒DATA

純米吟醸 鬼ころがし
300ml

醸造元：西條合資会社

原料米：米、米麹

精米歩合：60%

アルコール度数：16.4％

価格：608円

10 秀吉が愛した 天野酒 を造る西條合資会社

西條合資会社

住河内長野市長野町12-18
☎0721-55-1101
営10:00〜17:00 休1/1
価格：古式づくり 僧坊酒 1833円

酒造技術が盛んだった室町時代の末期、酒といえばどぶろく（濁り酒）であったが、金剛寺の僧坊酒「天野酒」は濁りのない超甘口の清酒で、糖度が高い分腐敗も少ない革新的な酒であった。戦国時代になると、楠木正成、織田信長、徳川家康など名だたる武将が「天野酒」を愛飲。なかでも豊臣秀吉は天野酒を愛するあまりに良酒醸造に専念するよう金剛寺に命じる朱印状を下付けしたほどだ。しかし、寺院での酒造りは時代と共に終わりをつげ、幻の酒となった。

その酒造りの流れを汲むのが、享保3年（1718）創業の酒蔵「西條合資会社」。金剛寺ならではの超甘口の清酒を「天野酒」として継承し、昭和46年（1971）には、精米歩合や二段掛など当時の手法で黄金色の「古式づくり 僧坊酒」を復刻。「うちの酒の度数はほぼ16度以上。特に『古式づくり 僧坊酒』はまったりと柔らかな飲み口です」と蔵主の西條さんも語る唯一無二の味だ。

炭火焼鳥 一徹　MAP P62-a

住 河内長野市菊水町1-7
☎0721-55-1161
営 17：30～23：00（LO22：00）
席 22席　休 月曜

11 映画「鬼ガール!!」プロジェクト誕生の地 炭火焼鳥 一徹

ねぎま（左）、きも（右）

こころ（左）、ずり（右）

月見つくね

手羽先の唐揚げ（2本）

宮崎地鶏

備長炭で丁寧に焼き上げる宮崎地鶏や柔らかなつくね、手羽先の唐揚げが人気の「炭火焼鳥 一徹」は、奥河内ムービー・プロジェクトのメンバーが映画を作ろうと決意した聖地でもある。

「地方創生ムービーを数々手掛けてこられた瀧川元気さんが、初監督作品を生まれ故郷で撮りたいと相談をいただいたのが始まりでした」とゼネラルプロデューサーの西野修平さん。最初は半信半疑だったので過去作の撮影地・広島を訪問したところ「これは地域をひとつにするコンテンツなのだな」と強く実感。さっそく観光協会や商工会、青年会議所などに声をかけ、監督との対話を重ねた。その会合場所のひとつがこのお店。その日は10名ほどが集まり、酒も胃袋も満ちてきたころ「やるなら組織にしたほうが」と西野さんが提案、地域活動にも参加している高比良昌也さんを事務局長に指名した。「私でよければ」と答えた瞬間、映画を作ろう！という熱が一気に過熱、「翌朝、瀧川監督から事務局長就任を祝う電話もいただいて覚悟を決めました」。

また、息子さんの17歳の誕生日のお祝いで食事に来ていた鈴木知子さんは「あまりの盛り上がりに振り向くと、2人も一緒に映画を作りましょうと、あっという間に仲間に」。鈴木さんはイラストレーター。事務所の看板なども制作し「河内長野がもっと好きになりました」と話した。店主の吉田 徹さんは「聖地と呼ばれるのはうれしいこと。ぜひこの場所を守っていきたい」と語った。

12 撮影に協力した地元のロケ飯。

映画「鬼ガール!!」の撮影期間中、地元の飲食店舗が協力し、出演者やスタッフへのロケ飯を提供。地元民にも愛される、ロケ飯協力店を巡ってみよう。

1 炭火焼鳥 一徹 MAP P62-a

瀧川監督の熱意に動かされてケイタリングや撮影協力。こだわり焼鳥と監督の大好きな鬼唐をぜひ。

住 河内長野市菊水町1-7 ☎0721-55-1161
休 月曜

2 tearoom Alice MAP P63-C1

外環沿いにある紅茶専門店。こだわりのパンケーキやハンバーグ、絶品の卵サンドを堪能しよう。

住 河内長野市向野町641 ☎0721-21-5138
休 水曜、第2・4木曜

3 焼鳥と釜めし とりぞう MAP P63-C1

地元で愛されて21年、美味しい焼き鳥と釜めしを提供。皆様を笑顔にできるよう頑張っている。

住 河内長野市木戸西町3-1-5 ☎0721-55-7678
休 不定休

4 和風茶屋 中谷 MAP P63-C1

自家製の手作り弁当が評判。ワンコインの日替わり弁当や各種総菜など、ご飯大盛りサービスもあり。

住 河内長野市本多町4-9 ☎0721-55-7376
休 土・日曜・祝日

5 酒菜工房 和(なごみ) MAP P62-a

河内長野駅近にあり、地元で採れた旬野菜の揚げたて天ぷらと関西風薄味のおでんが評判の店。

住 河内長野市本町10-15 アダチビル101
☎0721-53-0385 休 日曜

6 居酒屋 えびす亭 MAP P63-C2

全席が座敷利用でゆったりとくつろげる居酒屋。普段飲みから宴会まで、様々なシーンで利用できる。

住 河内長野市西代町3-8 ☎0721-55-1484
休 火曜

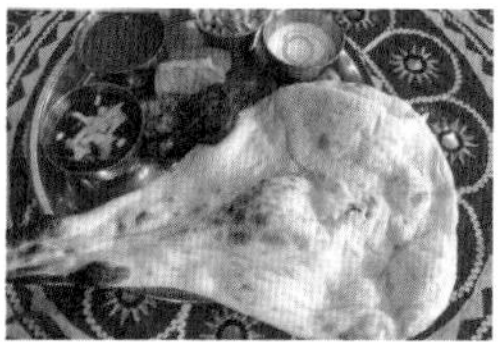

7 インド料理 モダカ MAP P63-C2

塩と油の比率にとことんこだわった日本人に合う程よい辛みのカレーと20種類以上のナンが名物。

住 河内長野市小塩町136-1 ☎0721-63-9550
休 火曜

8 寿司居酒屋 すし広 MAP P62-d

寿司から居酒屋メニューまで数多くのメニューを用意。富田林ブランドの「海老パン」を味わいたい。

住 富田林市寿町3-4-1 ☎0721-25-0021
休 火曜・第3水曜

9 Bb cafe MAP P63-C1

奥河内の野菜をふんだんに使用する洋食屋。ソースも自家製で、生タマネギのドレッシングは絶品!

住 河内長野市西之山町16-4 ☎0721-56-6567
休 日曜・月曜

MAP P63-C3

10 炭火焼肉 笑福園 北青葉台店

黒毛和牛A5-12を一頭買いして提供する焼肉店。名物の「笑福園セット」はボリューム満点で評判。

住 河内長野市北青葉台29-3 ☎0721-63-6529
休 月曜・火曜

MAP P63-C1

11 スリランカダイニング アマヤ

5つ星ホテルで腕を磨いたシェフが創り出す絶品料理を提供。2020年夏、千代田商店街に移転オープン。

住 河内長野市千代田南町2-20
☎0721-53-5033 休 月曜

12 hale bar 晴バル MAP P62-a

河内長野駅すぐ裏のアットホームな韓国家庭料理居酒屋。厳選した焼酎、日本酒も豊富にそろう。

住 河内長野市長野町6-10-102
☎080-6147-0322 休 木曜、第1・第3日曜

13 麺坊 蕎麦博 MAP P63-C1

季節限定をはじめ、100種以上の美味しい蕎麦を提供。4人前の「鬼おろし」は好評で、販売延長に。

住 河内長野市南貴望ケ丘1-19
☎0721-54-1139 休 木曜

13 思わず「お供します！」と言いたくなる 劇中の そば団子 レシピ大公開！

材料（6人分）

【そば団子】
☆そば粉…150g、白玉粉…150g、上白糖…60g
・水…適量

【旨い粉（そばきな粉）】
・そば粉…100g　・グラニュー糖…100g
炒ったそば粉にグラニュー糖を合わせてきな粉風にする。

作り方

1 ボウルに☆を入れ、すりつぶすようによく混ぜる。
2 1に2/3量の水を入れ、よく混ぜ合わせる。
3 2の残りの水を少しずつ手にかけながら生地がボウルにつかなくなるまでこねる。
4 手に水を付けて、生地を丸めて団子に。
5 鍋で団子を茹でる。浮き上がってきたらさらに2〜3分茹でる。
6 団子を網じゃくしで鍋から掬い、水を入れたボウルで冷やす。
7 器によそい、旨い粉（そばきな粉）をかける。

若大将の望月教佳さん

MAP P63-C1
麺坊 蕎麦博（そばひろ）
住 河内長野市南貴望ケ丘1-19
☎0721-54-1130
営11：00〜15：00、17：00〜21：30
休木曜　席32席

仲間になってほしい相手に、ももかが差し出す「そば団子」。そのレシピを、考案者の望月教佳さんに教わった。望月さんは、新メニューやそばスイーツにも力を入れる「麺坊 蕎麦博」の2代目。そばの可能性を日々考えている人だ。「そば団子は、百人一首の時代からあったおやつ。〝中世に出逢えるまち〟として日本遺産に認定された河内長野が舞台なので、現代風にアレンジしてみました」。

素材はいたってシンプル。「そば粉、白玉粉、上白糖と水。素材を混ぜて丸め、熱湯で茹でたら、水で冷やします」。団子はほのかに甘く歯切れのよい食感だが「これだけではそば感が出ないので、旨い粉を添えました」とニヤリ。旨い粉、それは？「そばきな粉です」。「炒ったそば粉にグラニュー糖を合わせてきな粉風にすると、そばらしさが強くなりました」。粉をまぶして食べてみると、そば茶を感じさせる香ばしさが口いっぱいに広がった。「映画公開中は店でも提供します。河内長野の伝統工芸、黒文字のようじも添えますよ。そば団子を通して町全体が盛り上がればうれしいですね」と語った。

14 まだまだある、河内長野で そば団子が楽しめる店

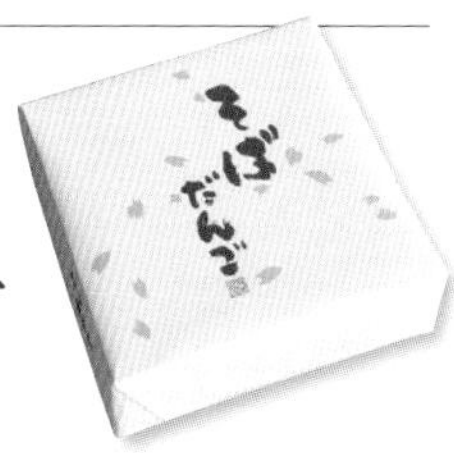

そば団子レシピを紹介いただいたそば処「麺坊 蕎麦博」のほかにも、そば団子が楽しめる店が続々と登場。そば団子を食べ歩きしながら、河内長野を鬼楽しもう！

御菓子司 友井堂本店 MAP P62-a

昭和8年（1933）に河内長野に店を構えた和菓子店。現在4代目が営むこの店の看板商品は求肥の中に特製のゆず餡を入れた「楠乃里」1個150円。

住河内長野市本町29-22　☎0721-52-2367
営9：00～17：00　休火曜

千慕里庵（ちぼりあん） MAP P63-C1

十勝産小豆の柔らかなつぶ餡と、ふっくらとした生地が自慢の「栗三笠」1個176円が人気の和菓子店。昔ながらの白玉を使ったそば団子が買える。

住河内長野市昭栄町1-29　☎0721-56-5322
営9：00～18：00　休火曜

麺坊 万作 南花台本店 MAP P63-B3

店内の「石臼」で挽いた国産そば粉使いのそばが魅力。人気は石臼挽きの手打ち二八そば940円。蕎麦グラノーラやビスケットなどのスイーツも好評。

住河内長野市南花台4-13-2　☎0721-63-6020
営11：00～20：45（LO）　席34席　休月曜（祝日の場合は営業）

15 鬼のまち・河内長野みやげには 豆菓子鬼はうち、福もうち

鬼のTSUNO
とうがらし味（左）、いちごミルク味（右）
各302円（140g）

「うちの豆菓子はすべて手作り。私がおいしいと思うものしか販売しない」というのは、創業から35年目を迎えた「豆の蔵元 光栄ピーナッツ株式会社」の代表取締役社長、松尾甲司さん。両親が立ち上げた豆菓子の卸店を共に支え、今では実店舗が3つもある人気店に。創業当初からある「よりどりみどり」はイカやエビ味の豆菓子が6種、あられが3種も入った看板商品だ。今回は、映画をイメージした新商品作りに初挑戦。完成した商品について教えていただいた。

「映画の公開に合わせて、2種類の商品を作りました。イチオシは、ピンク色の小さな角をイメージした、いちごミルク味の豆菓子です。主演の井頭愛海さんのかわいらしさと鬼の角をイメージしました」と松尾さん。「カシューナッツって形が角に似てるでしょ？ ただこの豆は重みがあるので、作業中に生地が割れることもあり扱いがむつかしい。職人としてはつくりがいがあります」と力強く語ってくれた。もう1つはピリリと辛い唐辛子味で、和のイメージ。松尾さんの厳しい舌で商品化された映画「鬼ガール!!オリジナルの豆菓子 鬼のTSUNO」。ぜひ、新しい2つの味を鬼味わってほしい。

豆の蔵元 光栄ピーナッツ

住河内長野市小塩町76-6
営9：00～18：00、土曜～17：00
休日曜・祝日
MAP P63-C2

豆の蔵元　検索

16 エコ農業で誕生した鬼うまタマネギ！

ドレッシングに使うタマネギを作る農家の1人が、農薬や化学肥料を5割減らして野菜を作る「大阪エコ農産物認証」を取得した河端訓史さんだ。「品種は貴錦《たかにしき》。魚粉や牡蠣殻、海藻なども肥料に使い、甘みと旨味の強いタマネギを作っています」。農業経験ゼロで始めた野菜作りも今年で15年。「エコ肥料の1つが生産中止になったりと苦労もありました。今もまだ進化の途中です」と力強く語ってくれた。

kawabata farm
住 河内長野市日野1085
☎ 0721-52-2293
MAP P63-B3

果肉も厚く酸味も程よいトマトやみずみずしいキューリをメインに生産。道の駅や直売所、なんばのデパ地下などでも購入できる。

4月中旬～7月限定で出荷されるので、この時期のオニオンドレッシングにはkawabata farmのタマネギが使われている

17 厳選タマネギで作った鬼うまドレッシング

鬼ドレ1本600円（300ml）

ボリューム満点のプレートご飯が自慢の「Bb CAFE」で、隠れた人気を誇るのが自家製オニオンドレッシング。地元の農家から直接仕入れるタマネギで作ったもので、通年販売しているが、映画の上映期間中は「鬼ドレ」と名を変えて登場。「新鮮なタマネギと島根から取り寄せるはちみつ入りの米酢が決め手です」と店主の橋本直也さん。まずは、サラダ付きのメニューで味わってみるのもおすすめだ。

ハワイ好きのオーナー夫婦が切り盛りするカフェダイナー。米は千早赤阪村の「ひのひかり」、トマトは河内長野のkawabata farm、卵は富田林の寺西養鶏場など厳選素材を使用。11種あるプレートセットはサラダ、ライス盛り合わせ、スープ、ドリンク付きでランチ1250円～、ディナー1200円～

Bb CAFE MAP P63-C1
住 河内長野市西之山町16-4
☎ 0721-56-6567
営 ランチ11:30～14:30(LO)、カフェ14:30～16:00、ディナー17:30～20:00(LO)
休 日曜、月曜　席 20席

目玉ハンバーグとハーフソーセージ1300円（写真はランチ、ディナー1350円）。柔らかな食感の自家製ハンバーグが絶品。サラダにはオニオンドレッシングがたっぷり！

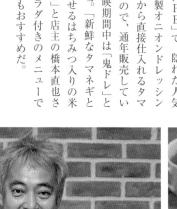

19 米×米でさらなるおいしさ！ 鬼うまいブレンド米で応援

奥河内ムービー・プロジェクトの共同代表であり「米職人 玄米屋の玄さん」代表の西 義浩さんが手掛けるのが『鬼ガール!!』の応援米「鬼美味米」（おにうまい）。「コーヒーにもブレンドがあるように季節毎に産地やツヤ、香り、甘み、粘り、食感のバランスを整えた白米を用意しています」と西さん。米職人歴25年の腕がなる、今回の新ブレンドをぜひ味わってみよう。

鬼美味米5kg3000円。「5種類あるブレンド米を基準に新たな味を作りました」と西さん。冷めてもおいしい1番人気の「紫」（5kg2580円）と、のど越しのよい艶やかな「蒼（あおい）」（5kg2900円）の美味しさをいいとこどり！

大鉄とおにぎらずをつくるももか

劇中に何度も登場するおにぎらず

米職人 玄米屋の玄さん
MAP P63-C1
住 河内長野市西之山町20-11 アーバンハイツ103
☎0721-56-4266 営9:00～19:00 休日曜

18 若手作家が手掛ける1点もの 劇中にも登場の 鬼グラス！

セラミカストライプ鬼ガール1個8800円～（受注生産）。瀧川元気監督へのプレゼントがきっかけで生まれた品。先端にダイヤモンドが付いた道具で文字を手作業で削る一点もの。文字なしは1個5500円

夏はホタルが飛びまわる山里で育ったガラス工芸作家の河端洋史さん。ももかがお菓子を鬼食いする場面でも登場したガラスカップをベースに「鬼」の文字を手書きで刻む「鬼グラス」を受注販売することにした。「ガラスは火の強さや酸素の量によって黄にも青にも色が変わる繊細なもの。自然の中で育った自分だからこそ出せる色や形を生かした世界に一つの作品です」。

河端洋史（かわばたひろし）さんは「鬼ドレ」のタマネギを作るkawabata farm代表・河端訓史さんの双子の兄。「自分の手で何かを作ることに没頭するところはよく似ています」

Lyhica(リヒカ) MAP P63-B3
住 河内長野市日野1085
☎090-2593-4960
HP https://www.lyhica.com/
https://www.facebook.com/Lyhica/
よりオーダー可能

ちょっとひと休み 鬼のまちで「鬼ダンス」を踊ってみよう！

鬼のまち・河内長野に行くなら、べろんちゅさん発案の「鬼ダンス」をマスターしよう。200人チャレンジ動画も要チェック！

手を腰にあててスタンバイ
♪ツノ、ツノ、1本、「鬼ガール!!」♪
♪ツノ、ツノ、2本、「鬼ガール!!」♪
♪ツノ、ツノ、3本はいりませ～ん♪

1 右手を前に出して、指1本（左手は手前、指1本）

2 左手を前に出して、指1本（右手は手前、指1本）

3 両手を大さくまわして頭の上でツノ1本ポーズ

4 右手を首もとから右方向へ。左手は横に広げて。反対側も同様に。最後に頭の上でツノポーズ

5 右手を前に出して、指1本（左手は手前、指1本）

6 左手を前に出して、指1本（右手は手前、指1本）

7 両手を大きくまわして頭の上でツノ2本ポーズ

8 右手を首もとから右方向へ。左手は横に広げて。反対側も同様に。最後に頭の上でツノポーズ

9 右手を前に出して、指1本（左手は手前、指1本）

10 左手を前に出して、指1本（右手は手前、指1本）

11 右手の指1本、左手の指2本で、ツノ3本を頭の上でポーズ

12 最後は、手をぐるぐるまわして

13 おもいっきり振りかぶって投げましょう

14 鬼ダンス終了！

奥河内は河内長野市を中心とした大阪南東部のエリア。そこは大阪府とは思えない豊かな自然がいっぱい広がっている。河内長野駅から約30分のところにある滝畑地区には大阪府最大級の滝畑ダムがある。ダムによって生まれた人工湖には毎年多くの渡り鳥が飛来。とくにオシドリは10月下旬頃から3月初旬頃まで滞留して優美な姿を見せ、「滝畑ダムのオシドリ」として新河内長野八景のひとつにも数えられる。緑豊かな周辺は自然休養村としてキャンプ場や遊歩道、レストランなども整備。上流には、「光滝」「荒滝」「夫婦滝」があり、自然を気軽に体験できる癒やしのスポットとして人気がある。また、ススキの草原が山頂に広がる岩湧山はトレッキングにも最適、春から夏は美しい緑、秋には穂をつけた花ススキなどの美しい景色が楽しめる。

劇中の「光滝」から桃が流れてくるシーン

滝畑湖畔観光農林組合
☎0721-64-9285

20 マイナスイオンを求めて 滝畑エリアで自然に浸る

荒滝

シュウカイドウ

岩湧山の森のムリリビ

岩湧山

21 1日だけじゃものたりないから 河内長野に 泊まりたい！

映画「鬼ガール!!」のロケ地・河内長野を広くじっくり散策するならやっぱり宿泊したい。癒やしの温泉、季節の料理、駅近、アクセスも良好なおすすめの宿を紹介します。

庭園の緑がまるで絵画のよう。目にもおいしい鮮やかな会席や日帰りプランも充実

あまみ温泉 南天苑《なんてんえん》

MAP P62-D4

室内からの約3000坪の日本庭園は見もの

住 河内長野市天見158
☎ 0721-68-8081
料 1泊2食付1万7750円~
交 南海天見駅から徒歩2分

大正ロマンの風情が香る 由緒ある温泉宿

東京駅なども手掛けた名建築家・辰野金吾氏が設計し、国の登録有形文化財となっている奥河内屈指の名宿。大正から昭和初期の趣を感じながら、良質の温泉と庭を望む部屋での食事が堪能できる。

おばな旅館 富貴亭《ふきてい》

MAP P62-a

ゆったりした大浴場を完備

住 河内長野市菊水町1-5
☎ 0721-52-2688
料 1泊2食付1万1000円~
交 南海・近鉄河内長野駅から徒歩5分

渓流の四季を感じながら 安らぎのひと時

新・忘年会、法要などでも利用され、地元でも長年愛されている老舗旅館。四季折々のお料理はもちろん、風情ある石川のせせらぎをそばに、奥河内ならではのひと時を楽しませてくれる。

落ち着いた雰囲気のある玄関口。河内長野の名勝めぐりの拠点としても最適

部屋は10畳のゆったり和室を用意。四季会席をはじめ、豪華鍋プランなども充実

天然温泉 河内長野荘《かわちながのそう》

MAP P63-C2

湯治の名湯として知られている露天風呂

住 河内長野市末広町3-25
☎ 0721-62-6666
料 1泊2食付1万600円~
交 南海・近鉄河内長野駅から徒歩8分

多彩なプランで 歴史ある天然温泉を堪能

3600円から楽しめるミニ会席×温泉プランをはじめ、宿泊、日帰りともにプランが充実。推古天皇の時代に湧出したという歴史深い長野温泉で、旅の疲れを癒やす快適な時間が過ごせる。

その1

22 河内長野からひと足のばして 大阪府で唯一の村 千早赤阪村

千早赤阪村は大阪市内からわずか1時間の場所にありながら、まるでタイムスリップしたかのような日本の原風景が残る大阪でたったひとつの村。大阪府の最高峰「金剛山」や楠木正成公誕生の地としても知られている。「下赤坂城跡」から眼下に広がる「下赤阪の棚田」は、平成11年に農林水産省が認定した「日本の棚田百選」に選定。都会では味わえない四季折々にのどかな景色を楽しめる。

下赤阪の棚田で撮影された「桃連鎖」のアクションシーン

千早赤阪村

住 大阪府南河内郡千早赤阪村大字森屋
☎0721-21-7557（千早赤阪村観光案内所）

※下赤阪の棚田には駐車場がありません。消防署横の駐車場等をご利用ください。

23 浄心山願昭寺

河内長野からひと足のばして その2

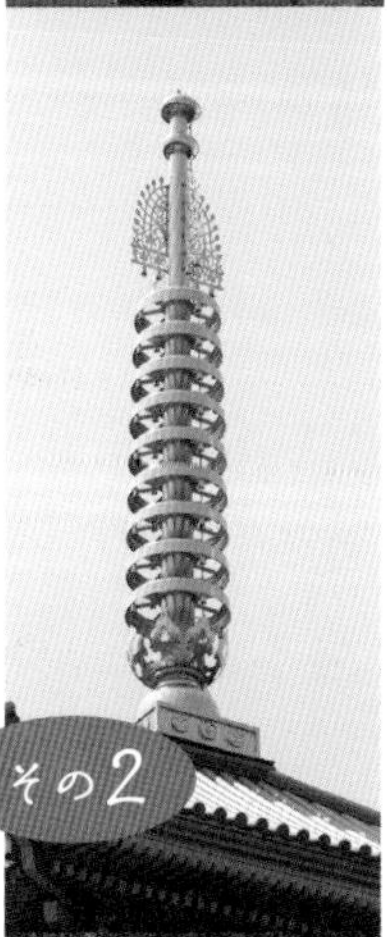

河内長野市に隣接する富田林市の東南部に位置し、信者たちの手で建造された寺として知られる。本尊は樹齢800年のクスノキの一刀彫で、10年かけて彫り上げられた。平成23年（2011）に新造された朱色が鮮やかな木造の五重塔は、大阪府で唯一のもの。また、全国4位という大きさを誇る梵鐘や、山道に並ぶ多数の朱色の鳥居の姿も圧巻だ。梅の名所としても知られ、展望台からは富田林市内や周辺の河内長野市北部などの眺望が広がる。ここでは護摩行のシーンの撮影が行われた。

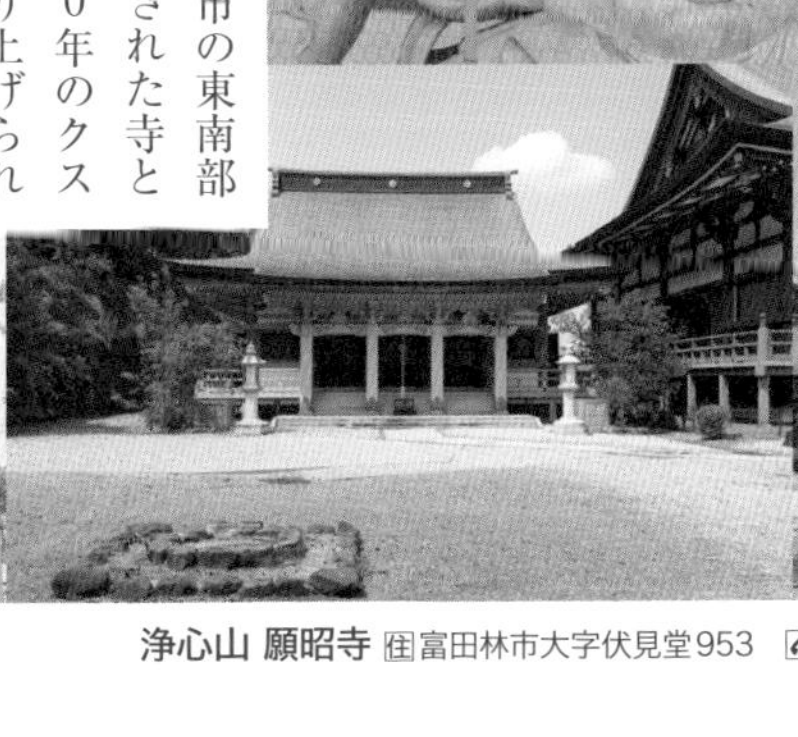

浄心山 願昭寺 住富田林市大字伏見堂953　☎0721-35-5751　交近鉄長野線汐ノ宮駅から徒歩15分

24 ももかの通う学校の制服は？ 清教学園中学校・高等学校

河内長野市神ケ丘（旧鬼住村）から真っ赤な自転車で高校へ通う、ももか。そのももかが着ている制服は、今回の撮影でもご協力いただいた1951年創立の「清教学園中学校・高等学校」の制服を採用。スクールカラーのエンジ色と緑色をワンポイントにあしらい、若者らしい明るさを取り入れている。ワールドスタンダードにふさわしい洗練されたスタイルで、ももかのイメージにもぴったり！

撮影協力：
清教学園中学校・
高等学校

25 ラストシーン「観心寺」では、河内長野出身の吉村洋文知事も登壇！

映画の舞台となった奥河内は、大阪の中心部から電車で約30分という近さにも関わらず、とても緑豊かで、多くの歴史に彩られている地域です。私は、生まれ、育ててもらったこの地域が大好きです。特に思い出深い場所は、今回のラストシーンの舞台となった観心寺です。映画の出演のため、久しぶりに訪問しました。子どもの頃、観心寺恩賜講堂で行われる剣道大会によく行きました。何十年かぶりに講堂の中に入り、荘厳な空間に身を置くことで、剣道で仲間たちと汗を流し切磋琢磨した青春時代を思い出しました。

奥河内には、観心寺のほかにも、日本遺産の金剛寺や「鬼」にゆかりのある延命寺といった、魅力あふれる名所が多数あります。また、棚田百選にも選ばれている下赤阪の棚田や、滝畑四十八滝など、日本の原風景とも言える自然や景観にも出会えます。さらに、奥河内のおいしい水で作られた日本酒など、名産も盛りだくさんです。作品中には、このような奥河内の魅力をいくつも見つけることができます。

この映画には、地元出身の瀧川監督をはじめ、市民の皆さんが一丸となって制作に臨まれたことで、映画を通して人々の温かさや活気なども随所に散りばめられています。

映画「鬼ガール!!」をご覧いただき、奥河内の多様な魅力を存分に感じてください。

奥河内 MOVIE PROJECT

世界と河内長野をつなぐレッドカーペット

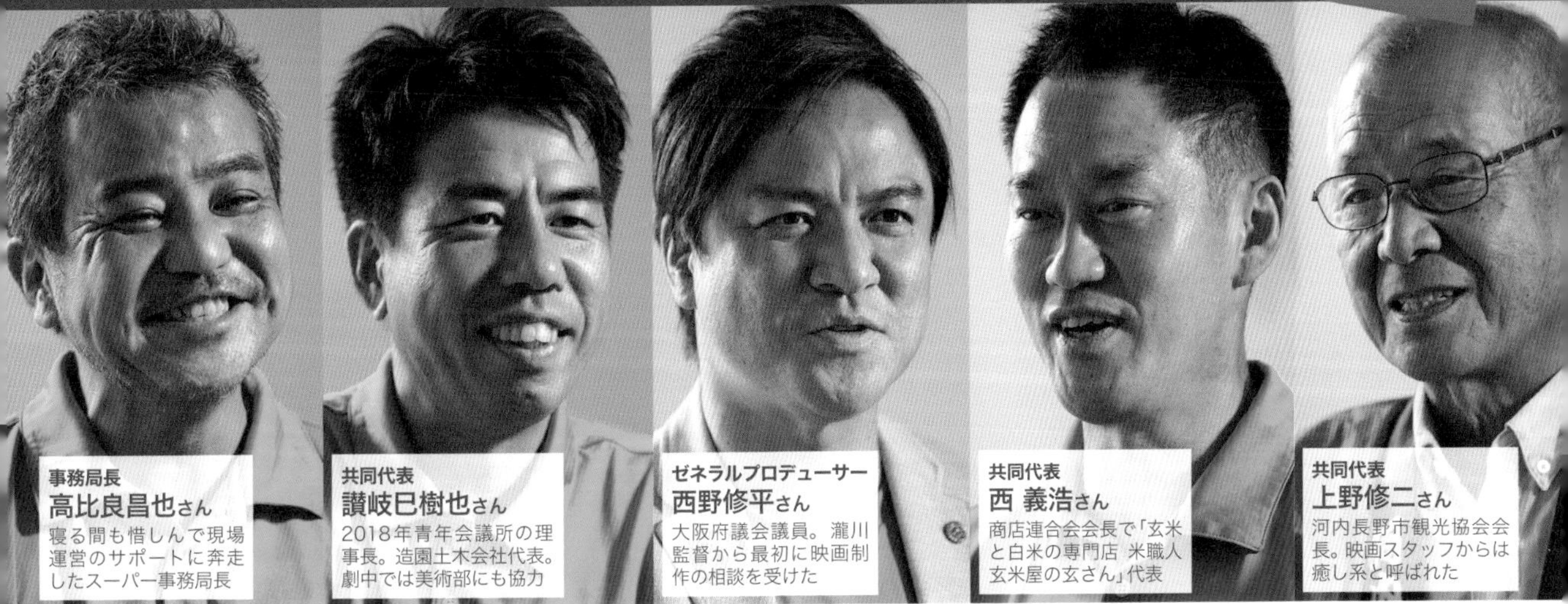

事務局長
高比良昌也さん
寝る間も惜しんで現場運営のサポートに奔走したスーパー事務局長

共同代表
讃岐巳樹也さん
2018年青年会議所の理事長。造園土木会社代表。劇中では美術部にも協力

ゼネラルプロデューサー
西野修平さん
大阪府議会議員。瀧川監督から最初に映画制作の相談を受けた

共同代表
西 義浩さん
商店連合会会長で「玄米と白米の専門店 米職人 玄米屋の玄さん」代表

共同代表
上野修二さん
河内長野市観光協会会長。映画スタッフからは癒し系と呼ばれた

官・民の垣根を越えて、ワクワクするまちをみんなで作っていきたい

――映画『鬼ガール!!』の制作を全面的にサポートした「奥河内ムービー・プロジェクト」。組織ができたきっかけは？

西野　数々の「地方創生ムービー」を手掛けてこられた瀧川元気さんが、初監督作品は自分の生まれ故郷で撮りたいと、2018年の1月に私のところへ来られたのが始まりです。実際に映画を撮りたいと言われても私たちも素人なので、実際に瀧川さんがプロデュースされた東広島が舞台の『恋のしずく』の現場へお邪魔したんですよ。すると地域の皆さんが集まり、当時の話で盛り上がって、映画とは地域を一つにまとめるコンテンツなんだなと実感。それを持ち帰って、観光協会会長の上野さん、商工会会長の井戸さん、当時青年会議所の理事長だった讃岐さんなど河内長野の地域活動の代表者にお声掛けしたんです。まずは監督の話を聞いてもらえませんかと。再度撮影現場も見に行きましたが、熱気にあふれていて、これで僕らにも火が付きました。その後、商店連合会の高比良さんに事務局長をお願いして「奥河内ムービー・プロジェクト準備委員会」を立ち上げたんです。

――その後すぐに映画作りに着手をされたのですか？

西野　まだまだ不安ばかりで…。

高比良　共同代表の上野さん、西さん含め、僕たちはみんな映画作りの素人なのでよくわからない。

西野　とりあえず自分たちでも作ってみようと「映画塾2018」を実施したんです。実質3日、3チームに分かれて15分の短編映画を作ろうと。瀧川監督がプロの俳優さんを呼んでくださって、素人とプロが一つになって映画を作り上げた初めての経験でした。

上野　この時、完成披露上映会のラブリーホールまでの道にレッドカーペットを敷いて映画塾に携わった人に歩いてもらったよね。

西野　あれは盛り上がりました。こんな風に一生懸命映画を作って街中が盛り上がる映画って本当にすごいなと。そして、その会場で長編映画作り宣言をしたんです。

――実際の長編映画撮影の運営はどのように？

高比良　まず、車の運転をするドライバー部会、ロケ弁担当の飲食部会、宿の手配やお掃除などを行うおもてなし部会、人集めのエキストラ部会と役割分担をしました。

あんなにしんどかったことがあのシーンに活きてると思うと感動！

ももかの家の前の庭木や庭の木はうちの畑から運んだものです

今作の魅力は立体感。映画の中で撮影、そこでの連鎖劇という面白さ

奥河内ムービー・プロジェクト
キックオフイベント「映画塾2018」

西　僕はドライバーとしても参加しましたが、早朝3時という出発もある。でも、それぞれがみながんばっているので、俄然力と行動力がわいてくるんですよね。

上野　商工会の女性部の皆さんや地元の飲食店さん、各地域の方々が毎日違うロケ弁を持ってきてくれました。土・日は温かいものをと、手作りの料理やおむすびをわざわざ作ってくれて。隣の千早赤阪村では貴重なイノシシの肉も提供くださってね。

――日本遺産に選ばれた河内長野ですが、ロケ地選びにも協力が？

西野　そうですね。今回映画に登場する河内長野のお寺はすべて日本遺産に選定されています。

上野　その日本遺産への申請が2018年の1月、撮影が7月なので認定を狙っての撮影ではなかったんですが、結果的に今年になってすべての寺が日本遺産になった。観心寺や金剛寺などは、普段あんな風には絶対に使えないような場所です。観心寺では、重要文化財の前でロックを演奏していますから…（笑）。

高比良　ロケ地といえば、連鎖劇の舞台を探している時、観心寺の恩賜講堂（おんしこうどう）を見に行ったんですよ。普段そこには重いカーテンがかかっているのですが、我々が中に入った瞬間、なんと突風が吹いて、カーテンがぶわっと大きくさざなみのように揺れたんです。その時は瀧川監督、音楽プロデューサーの梶原徹也さんとバンドメンバーの鈴木栄治さんが一緒だったんですが、全員鳥肌を立てたほど。これはここでやれということやなと、即決定しました。楠公さんが応援してくれてるわと、みんな感動していました。

上野　あの空間はとても音の響きがよいそうですね。

西野　今後、重要文化財であるこの恩賜講堂を土・日曜日限定の映画館にできないかと考えているんです。不特定多数の方の出入りや耐震などの問題はありますが、それができたら文化財利用の見本になります。

――地域からの協力としては様々な形があったと思うのですが？

西野　映画ってお金がないと撮れないじゃないですか。でもなかなか集まらなくて。そんな時、ある企業の代表が『まちのためだから最大限協力しましょう』とポンと結構な額を出してくださった。さらに「うちは社名をエンドロールに入れてくれるだけでいいよ」と。思わず涙が出ちゃいました。それを皮切りに、協賛金が増え、ガソリンの提供やレンタカーの車両など、物資も含めると、かなりの金額が集まりました。本当にみなさんに感謝です。当初僕、ストレスで蕁麻疹がでてたんですよ。それくらいお金集めは地方創生ムービーにとっての一つの高いハードルです。

上野　河内長野市もごみ袋を提供してくださったり、ごみを無料で運んでくださったりね。

西野　南海や近鉄、南海バスさんは社内広告やサイネージへの広告を無料でしてくださったり。公共機関が協力することで、小さな地方再生ムービーが「本物」になり、信用度が増した。教育委員会さんも、公立の小・中・高校にもポスターを貼ってくださって。映画「鬼ガール!!」は自分のルーツや日々の悩みを見つめながらも、自分らしく生きるということ、多様性を学ぶ教材として扱ってくださってます。

――大阪府知事の吉村洋文さんも出演されていますよね。

西野　そうなんです。僕らのため

日本遺産、映画の町として河内長野の活性化が楽しみです

高校時代は映画をたくさん観てきた映画好き。現場は聖域でしたね

に時間を作ってくださって。これは作品のパワーだと思いますね。協力体制がすごいです。撮影したのは1年前なので、知名度があがった今上映されるのも不思議な力を感じます。

――実際、撮影が終わり、上映を迎えて、どんなお気持ちですか？

高比良　今回の映画作りで、ここ一番で集まれるという体制が出来上がったんじゃないかな。これまでお会いしたことがなかった上野さんなど、ほかの団体の代表者とも仲間になり、雪だるま式に横の輪が広がったのは良かったと思いますね。

上野　観光協会には、公開前からすでに、ロケ地に行ってみたいというお問い合わせをいただいてます。映画のまちとしても知られるようになってきているのはうれしいですね。

讃岐　私は発足当時の青年会議所の理事長なのですが、その後も、私も含め代々の理事長はこのプロジェクトに協力しています。私自身の造園の仕事にも参考になるような機会が多かったです。映画はフレームが一つの完成図。葉っぱが少なければ多い部分をカメラに向ける、何もない木に春の花を飾れば季節さえ作ることができるのだという映画の風景づくりが新鮮でした。

西　今回の撮影は、団体の垣根を越えたお祭りだったと思います。例えば青年会議所なら明るい豊かな社会を作るという目的、観光協会なら地域の観光の活性化という思いで動くし、私が参加している商店連合会なら地域商業の活性化を目的に動いていますが、映画という一つのツールで、みんながまちを良くしたいという思いを根底に持ってそこに向かって動けた。それがわがまちの財産になっていると思うんです。熱いメンバーが集まって、わっしょいわっしょい、できたのは幸せだったなと。

西野　劇中のセリフで「映画の魅力はいろんな人を巻き込んでいくことなんだよ」とありますが、私はこのシーンを見て、現場を思い出して目頭が熱くなりました。ここには携わった人ぞれぞれの「徳」が集結したと思っています。誰一人欠けてもダメで。僕らには経験がなかった映画という文化芸術の力で、このまちを盛り上げていこうという熱気は、鬼神様が導いてくれたのかもと。鬼からすると、おい君たち何やってんねん、バラバラになったらアカンぞと後押ししてくれたかな。人や団体の垣根を越えて、自分たちのリミットも超える、それだけの思いがこの映画には詰まってます。

――今後は第二弾も？

西野　まずは今作が話題になってほしいですね。すると河内関連作として隣の富田林などと共同で一緒に何かやろうという話になるかもしれない。『神社ボーイ』とか『寺じいちゃん』とか（笑）。地方創生ムービーシリーズができたら、奥河内はご当地映画の聖地になるでしょうしね。これからも夢は広がります！

奥河内 MOVIE PROJECT

河内長野を舞台とする映画を通じ、郷土愛を育むとともに、地域への経済波及効果を目的とした、劇場用長編映画「地方創生ムービー」の制作を目指す。多くの人の協力と支援で映画を活用したまちづくりに取り組んでいる。

ホームページ　okukawachimp.main.jp/index/

教えて、映画「鬼ガール!!」のまち

河内長野の魅力！

世代を越えた繋がりが河内長野市活性化のお手伝いをします

天川麻子	新井利治	大澤建作	大澤絢音	太田悦子	太田沙碧	岡　俊也	奥村　亮	奥村　晃
門脇絵里	門脇怜音	釜平　孟	神谷光義	北尻　広	北東部賀規	北野正人	工藤敬子	小島武志
小谷桂子	児山拓史	西條陽三	阪谷匡亮	佐竹　功	讃岐弥生	讃岐麗央	讃岐莉呼	塩塚優美子
島田明子	新谷博一	新谷百代	鈴木知子	末延秋恵	須田　旭	瀧川　定	瀧川牛容	竹原義治
田野雅樹	田村友裕	辻　展幸	土井健司	中岡和則	中島勝美	西川　宏	西口栄一	西口禎二
野村祐介	畑たみこ	林　隆志	播磨　清	半野寛之	平井啓一	福本千和子	藤原崇行	藤原百禾
ヘスティ妃呂子	ヘスティ瑛梨	房　眞盛	堀内皓介	本城真由美	本城結都	町田　樹	松村　享	古川潤卓
村蒔　明	松本耕輔	松本隆生	松本圭生	松本蒼生	道籏弘明	道端俊彦	道端智彦	二根ゆみ
望月教佳	望月美香	望月大地	八木広樹	山﨑一弘	山本貴之	若林勝美	和田圭祐	

河内長野市役所のみなさん　富田林市役所のみなさん　千早赤阪村役場のみなさん
郵便局のみなさん　河内長野市商工会女性部のみなさん　いわわき会のみなさん
都市公園長野公園管理共同体のみなさん　かわちながの未来創造実行委員会のみなさん
ご協力いただいたボランティアスタッフのみなさん

映画「鬼ガール!!」のまちに住む、奥河内ムービー・プロジェクト実行委員会のメンバーに聞いた、河内長野の魅力や好きな場所、景色。映画「鬼ガール!!」のロケ地の旅で、お気に入りの場所やスポットを見つけてみよう。

笑顔いっぱいの鬼の親子！

奥河内ムービー・プロジェクト実行委員会メンバー

顧問／井戸清明　共同代表／上野修二　西 義浩　讃岐円樹也

特別参与／堀 智真　永島全教　上田霊宣　事務局長／高比良昌也

ゼネラルプロデューサー／西野修平

Special Thanks

映画 鬼ガール!!
OFFICIAL BOOK

2020年10月16日発行

発行人	山近義幸
編集人	田中朋博
編集・撮影	かずさまりや
撮　影	池田岳史、小林正和、福尾行洋
取材・原稿	中田絢子、田村のり子、滝瀬恵子
装丁・デザイン	村田洋子
編集アシスタント	佐々木菜都美、北村敦子、森田樹璃、下村晃枝、須澤希衣
校　閲	菊澤昇吾
販　売	細谷芳弘、檜垣知里

協　力
©2020「鬼ガール!!」製作委員会
株式会社Studio-884.Pro
奥河内ムービー・プロジェクト実行委員会
株式会社SDP
株式会社KADOKAWA
株式会社クリエイティブスタジオ ゲツクロ
株式会社シンカ・コミュニケーションズ
大阪府
河内長野市
千早赤阪村
河内長野市観光協会
かわちながの観光ボランティア倶楽部

写真提供　河内長野市、千早赤阪村、奥河内ムービー・プロジェクト実行委員会

発　行
株式会社ザメディアアジョン
〒733-0011 広島市西区横川町2丁目5-15 横川ビルディング
TEL.082-503-5035　FAX.082-503-5036
mail en@mediasion.co.jp

印刷・製本　株式会社シナノパブリッシングプレス

ISBN978-4-86250-683-2　C0074　￥1500E　©2020「鬼ガール!!」製作委員会・ザメディアジョン　Printed in Japan

2020年10月16日発行

発行人／山近義幸

編集人／田中朋博

発　行／株式会社ザメディアジョン
広島本社 〒733-0011
広島市西区横川町2-5-15
TEL.082-503-5035

定価：本体1500円 +税

9784862506832

ISBN978-4-86250-683-2
C0074 ¥1500E

1920074015009

地方創生ムービー 岐阜

映画 ブルーヘブンを君に

OFFICIAL BOOK